易經真的很容易

变革与创新

曾仕强 刘君政 著

贵州出版集团
贵州人民出版社

图书在版编目（CIP）数据

易经真的很容易．变革与创新 / 曾仕强，刘君政著
．-- 贵阳 : 贵州人民出版社，2024.3
ISBN 978-7-221-17859-6

Ⅰ．①易… Ⅱ．①曾… ②刘… Ⅲ．①《周易》一研
究②人生哲学一通俗读物 Ⅳ．①B221.5 ②B821-49

中国国家版本馆CIP数据核字（2023）第163604号

易经真的很容易·变革与创新

YIJING ZHENDE HEN RONGYI · BIANGE YU CHUANGXIN

曾仕强 刘君政 / 著

出 版 人 朱文迅
责任编辑 陈 章
出版发行 贵州出版集团 贵州人民出版社
地　　址 贵阳市观山湖区中天会展城会展东路SOHO公寓A座
印　　刷 三河市宏达印刷有限公司
版　　次 2024年3月第1版
印　　次 2024年3月第1次印刷
开　　本 860毫米×1000毫米 1/20
印　　张 8.5
字　　数 132千字
书　　号 ISBN 978-7-221-17859-6
定　　价 49.80元

【作者简介】

曾仕强

英国莱斯特大学管理哲学博士，曾任台湾交通大学教授、台湾师范大学教授、台湾兴国管理学院首任校长。著有《易经真的很容易：变革与创新》《易经真的很容易：诚信赢天下》《易经真的很容易：活出自在从容》《中国管理哲学》《中国式管理》《大易管理》《胡雪岩的启示》《如何在36岁以前成功》《论语的生活智慧》《曾仕强剖析胡雪岩商道》《易经的奥秘》《易经的智慧》等数十种作品。

【作者简介】

刘君政

台湾师范大学教育学士，美国杜鲁门州立大学教育行政硕士，教授。历任台湾师范大学、彰化师范大学、高雄师范大学教师，胡雪岩教育基金会理事。

何为《易经》？

凝聚着中国古圣先贤智慧的《易经》，曾长久地被误解为一本算命的书。随着科技的发展，东西方文化的交融，《易经》越来越受到中外科学界、文化界的重视，西方学者称之为“一部奇妙的未来学著作”。那么，《易经》究竟是一部什么样的书呢？我们又如何才能够读懂古老而神秘的《易经》？而懂了《易经》的道理，对于我们的人生会有什么意义？

要弄清这些问题，首先要从“何为《易经》”谈起。中国古代文献大都这样论述：《易》（《易经》简称）为群经之首。因为不管是“五经”还是“六经”，都把《易经》摆在最前面。实际上这还不足以表明《易经》的重要地位，应该是“《易》为群经之始”，因为它是中华文化的总源头，是诸子百家的渊薮。《易经》包含的内容十分庞大。《吕氏春秋》记载："其大无外，其小无内。"意思是说《易经》大则大到没有外面，小则小到没有里面。每一个研究者都只是从一个角度去看待《易经》，都只看到其中一个方面，只讲对一部分，而很难把《易经》讲全。就像偌大的北京城，不管是乘坐飞机、火车，还是通过高速公路、国道、省道、县道、乡道都能进来，可是进来以后，谁都不能断言自己已经了解了整个北京。所以，研究《易经》，一定要有比较宽广的包容性。

《易经》是怎样完成的？《汉书·艺文志》记载："人更三圣，世历三古。"《易经》的完成，经历了三位圣人：第一位是伏羲，第二位是周文王，第三位就是孔子。伏羲在上古，周文王在中古，而孔子在近古（又称下古）。总而言之，《易经》成书所经历的时间非常长，所经历的圣人也很多，所以严格来说，《易经》是我国古圣先贤集体创作的成果。

《易经》这本书，其用处何在？其实看完这本书就会发现——《易经》是解开宇宙人生密码的宝典。现在世界各国的科学家，兢兢业业地搞研究，就是希望解开宇宙的密码。在拥有大量科学仪器与尖端技术的情况下，科学家们尚且不敢说能够解开宇宙密码，这么一本几千年前的古老经书，如何能做到这样伟大的事情？但是，《易经》确实做到了，而且这个密码在孔子时就已经被解开。孔子曾感慨："人能弘道，非道弘人。"（《论语·卫灵公》）这句话其实就是在说：宇宙的密码已经解开，但是要靠人来把它发扬光大，而不是等待那个密码自行解开。而之所以说在孔子时就解开了宇宙的密码，是因为我们中华民族的祖先得到了三把钥匙。

第一把钥匙，叫作伏羲八卦。在中国，几乎人人都看过八卦图，一些家庭甚至挂过八卦图，但是除了辟邪，人们不清楚其作用何在。殊不知，那正是一把打开宇宙密码的金钥匙。伏羲八卦揭示了宇宙一个最基本的秘密，中国人用两个字就能概括——"阴阳"。现代科学研究表明，物体有最小的基本构成元素。中国人认为，"阴阳"就是宇宙万物最基本的构成元素。还有一种观点认为，0 和 1 构成了浩瀚无穷的互联网络；其实中国古代先贤早在几千年前就讲过：一阴一阳产生了宇宙万象。意思其实一样，只是用词不同而已。但是"一阴一阳"如果解释成一个阴和一个阳，那就失之毫厘，谬以千里了。所以在学习《易经》之时，一定要厘清这些细节，避免任何的误解和扭曲，以致错解这一部解开宇宙人生密码的宝典。

第二把钥匙便是文王六十四卦，它象征着宇宙的六十四个密码。凡是密码，必定离不开数字，比如现在的保险箱大都用数字作密码，但是那个数字是死的，一就是一，二就是二。但是《易经》的数不同于数字，也不能用现代的数学观念来理解。《易经》的数是有生命的，是活的、变化的，是“一而二，二而一”的。

第三把钥匙是孔子所作的《十翼》，也称《易传》。孔子替《周易》装上十只翅膀，希望《周易》能够“飞起来”，让世界实现大同。实际上，“地球村”就是世界大同，世界大同就是“地球村”，实现这个理想就要靠这部有十只翅膀的《周易》。

我们今天所看到的《易经》，可以说是三位古圣先贤共同创造出来的：伏羲创造了八卦图；周文王创造了六十四卦，后被称为《易经》；而孔子则为《易经》作了《十翼》，也称《易传》。那么，《易经》的首创人伏羲是谁？他又为什么要创造八卦？

很多人认为伏羲是为了造字，推行文字教育，所以创造了八卦，其实不然。在伏羲的时代，人们以狩猎、打鱼为生，最怕半路上碰到天气骤变的情况。所以很多人向伏羲询问第二天的天气。伏羲可以说是中国古代第一座气象台的台长。随着验证次数的增多，越来越多的人前来询问，伏羲便在树上挂一个“☵”的图像，示意明天会下雨。之后伏羲根据人们的需要，把气象预报逐渐地扩大，慢慢地推出不同的卦象，就变成了一直到今天我们都很熟悉的八卦，也就是我们经常说的“无字天书”。

所以，《易经》整部书起初只有图像，所有的字都是有了文字以后逐渐添加上去的。加到最后，整部《易经》也不过四千多字。没有文字，没有条条框框，不受任何局限，就可以通天下，通宇宙。伏羲是把整个宇宙都想通了以后，才开始来画卦。所以我们对他那一画非常地尊崇，称其为“一画开天”。《易经》是从开天辟地，也就是今天科学上所讲的大爆炸说起的，一直说到人类最后的状况。我们直到今天还没有完全把它展开，因为我们还有很长的路要走。今后人类世世代代都要取用于《易经》，这是取之不尽、用之不竭的一部宝典。这部宝典历经七千年的岁月，一直流传到今天，足以证明真理永存的道理。而伏羲创造八卦所用的三个方法，对中国人也产生了很大的影响。

第一个方法叫仰视。动物大部分无法仰观天象，所以仰视是人类特有。中国人很会仰，但是仰到后来不够高，只是仰上级的脸色。第二个方法叫俯视。整部《易经》都是从人身上看出来的东西。我们经常讲“万物皆备于我”，因为“我”就是一个小宇宙。宇宙所具有的东西，我们在自己身上全都找得到。自然中有山，人也有，而人身上的山就是鼻梁。第三个方法，用现代的话讲，叫作广角。以广角的方式看天象，就不能光看一个地方，而是四面八方都要顾及。看得很周到，想得很周密，一点都没有遗漏，这样才叫作《周易》。《周易》这个“周”字，跟周朝并没有直接关系，只是刚好与周文王的朝代在字形上相同，所以引起不少人的联想。其实细加考虑一下，周文王精通易理，他不会把自家的姓冠在一本书上，因为这是犯忌的。“周”是周密、周详的意思，而且它还有另外的意思——周流不停、往复循环、生生不息。所以这本书才叫《周易》。

如前文所述，伏羲没有造字，因为他知道整个系统都是图像、数字。伏羲八卦图是由数字组成的，现代高科技的电子计算机系统，也是由数字组成的；因此，有人说，中国七千年前的伏羲，可以说是电脑的鼻祖。那么，古老的《易经》和现代科学之间，到底是一种什么样的关系呢？

可以说，《易经》是完全根据自然发展出来的一套系统。伏羲原来用符号来告诉人们天气变化，后来慢慢发现，不仅仅是气象，有很多跟生活直接相关的东西都可以从里面生发出来。按照今天的说法，《易经》可以说是自然科学。但是，我们知道，在孔子以后，这部书除了自然科学的部分，又另外加上了一部分，叫作人伦道德。两部分合起来，才能够表示整体的《易经》。所以说，中国人所讲的道理，都是从自然中生发出来的，我们一切向自然学习，以自然为师。狂妄自大，想怎么样就怎么样，是不合自然的。有人会问，现代科学难道不可以持续发展吗？当然可以。科学是人类非常需要的东西，只不过不能忘了要用自然来引导科学。我们要记住，一切事物的好与坏、对与错，都要用是否符合自然这一标准来检验。

最后，现代人从《易经》中能获得什么实际的意义？第一点，《易经》可以纠正我们很多似是而非的观念。例如，今天大家普遍认为自信是对的。《易经》里面讲“自天佑之，吉无不利”，是包括自信在内的。人有可控制的部分，也有不可控制的部分，可控制的部分是“操之在我”，但是不可控制的部分是“操之在天”。《易经》所包括的“自信”其实是指对“天”有信心，而不是对自己有信心。我们相信“天”会保佑我们这种人，我们多拐一个弯想一想，如果“天”不保佑我们这种人，那还保佑谁呢？如此而已。如果把“天”去掉，只有自信，那就会自大，就会狂妄，就会过分自我，然后人际关系就会很差，什么事情都做不好。目前有很多所谓的“普世价值”，其实都是有待商榷的，这个要在学完《易经》以后才能厘清。第二点，《易经》既有神秘性，也有道德性。有神秘性，是因为以前科学不够发达，我们没有办法用科学来解释它，所以只好用神道把它包装起来；现在科学发展了，我们可以用现代科学来诠释《易经》里面的神秘性。但是它的道德性，是没有办法取代的。所以，《易经》的道德性，在以后还会得到很好的发扬。第三点，《易经》中求同存异的思想是实现全球化的必由之路。全球性是必然的趋势，谁也阻挡不了，但是还是会有人强烈反对。因为全球化会引起很多人的不安，他们认为全球化就意味着本土文化的灭亡。没有一个地区希望自己的文化走向消亡，只有像《易经》这么广大包容的思想体系才可以解决这个问题——求同存异。我们求同，但是会存异，我们会尊重每个地区的文化，但是我们会在这当中找出一个最大公约数，使其变成“大同”的基因，而这个只有《易经》做得到。

曾仕强

前言——代序

中华民族的学问，说起来只有一门，那就是“道学”。孔子说：“吾道一以贯之。”把人类所有的学问，用“一阴一阳之谓道”来总括，应无遗憾。老子所说的“道可道，非常道”，则在明辨可说的“非常道”与不可说的“常道”，也合乎“一阴一阳”的组合。诸子百家的学说，莫非相反而相成，相背而相生，说的都是“非常道”，所以只能成为一家之言，不能成为“常道”。可见思想自由、言论自由，固然有其好处，却也造成各行其是，分割得支离破碎，徒然把“通”的变成“不通”的。必须透过正本清源来重新“沟通”，才有可能由“专”返“通”。

我们由“行道”而“明道”，在实践中“悟道”。早在“道”字出现之前，尧帝选择继承人，便公开要大家推荐。他并不挑选地方势力强大的领袖，也不看上财富惊人的金主，反而接受以孝闻名的舜。尧帝先把自己的女儿娥皇、女英嫁给舜，又让他处理政事，结果都有很好的成绩。经过三年的考察，才决定由舜来摄政，代理共主的职务。这种“天下为公”的大道，一直受到无比的尊崇。尧舜走出中华道统的开端，以后的禹、汤、文、武、周、孔、老……凡是中华儿女崇拜的伟大人物，无一不是得道高人，尊奉道统。

老子和孔子，都在弘扬易道。孔子有教无类，以“中人”为对象，《论语》成为炎黄子孙人人必读的家常便饭。老子以“上士”为对象，不在乎“下士闻道”那种“大笑之”的反应，明知“吾言甚易知，甚易行；天下莫能知，莫能行”，也要把标准提得很高，把“道”当作形而上学的第一原理，提出：“天下万物生于有，有生于无”的本体论。

孔、老两家，正如老子所说“同出而异名”，看起来各有主张，实际上都是在阐明易道。因为“道”只有一个，不可能有两个，否则宇宙就会分裂。道为“一”，即为“常道”；但是道是动的，可以千变万化，所以道又是“多”，成为“非常道”。西方为“一元论”“多元论”争得面红耳赤，我们却能轻松愉快地用“一之多元论”来加以化解，这才得以生生不息。

合起来是“一”，散出去为“多”，有部分西方人做学问，是一步一步逐渐摸索、推演而得，必须大胆求新求变，才能持续向前推进。因此“吾爱吾师，吾更爱真理”，就成为个人提出创见的正当理由。凡事力求创新、突破，同时对“知识产权”十分重视。由于近两百年来科技突飞猛进，以致“创新改变世界”的口号喊得震天动地，几乎成为一种牢不可破的普世价值。中华儿女的学问，则与西方完全相反。我们是伏羲氏一画开天，便把人类所有的学问，全部都“一”统起来了！孔子提示“一以贯之”，老子明言“抱一以为天下式”，使我们知道“一就是一切，一切都是一”。诸子百家，都在说明各自对于“一”的研究心得，如此而已。所有的学问，都从“一”（就是道、太极，宇宙万物的共同元素、本体）发展出来。我们并没有西方那些“一”与“多”的争论，自古以来，便是秉持着“一而二，二而一”的“一之多元论”，统合一切主张，一视同仁。我们重视“师承”，讲求“道脉”，形成“道统”，因而绵延不绝、历久弥新、生生不息。

西方文化不连续，主要原因在于不重视根本，说变就变。后来更是变本加厉，认为新的一定比旧的好，于是盲目求新求变，以致不但忘本，甚至无可避免地流于乱变。当今人类所面临的科技威胁、环境污染、气候异常、人伦沦丧、道德败坏，无一不是乱变的恶果，后果已经愈来愈严重，也愈来愈可怕！

中华文化重视饮水思源、不忘本。因此说“新”的时候，必须和“旧”联结在一起。温故知新、继旧开新，这才合乎“一阴一阳之谓道”的原则，不致有所偏而导致失道、叛道，或使生生不息的循环无法持续下去。同时，也能适当防止“喜新厌旧”的恶习，维持家庭和谐、婚姻稳定、社会安宁，使我们的人生更有价值。

晚近以来，我们受到西方的影响，似乎已经把“新”当成“进化”的同义词，断定一切旧的都不如新的。现代中国人，只知宇宙在变、时代在流，却忘了《易经》所说的“变中有常”，而流中也必然有住。一味讲求创新，认定新的一定比旧的好，便是抓住易的“变易”，漏掉了易的“不易”，完全不符合“一阴一阳之谓道”的精神。

“创新改变世界”，可能会有两种不同结果：一是愈改变愈糟，人类愈不幸；一是愈改变愈好，人类愈幸福。

同样是创新，有经得起时代考验的，也有经不起时代考验的。大家若是稍微关心周遭的变化，便会心中有数，原来经得起考验的并不多，而不久后便遭到淘汰的竟占了大多数。如此我们就能明白：变来变去，代表不够好；

如果真的好，何必要变来变去？可惜这样简单的道理，现代人却没能好好把握住，是不是忘本的表现呢？《易经》启示我们持“经”达“变”，必须要有原则地应变，千万不能没有原则地胡乱加以改变！两句话合在一起，便是“万变不离其宗”，也就是“以不变应万变”。然而，现代人居然不敢如此主张，这岂不是“学术杀人”的明证？如此一来，我们又怎么对得起列祖列宗呢？生活法则不可变，生活方式当然可以变。凡事必须先分辨其“可变”与“不可变”，然后才“持经达变”。务求变得更好，才有资格叫作“日新又新”，否则便是不负责任的求新求变。对于原本就善变的中华民族而言，“求新求变”往往容易导致“乱变”的恶果，最好更加慎重，以免后患无穷。

时至今日，种种求新求变的乱象，已经到处显现，只是大家愈来愈忘本，奉行西方“眼见为凭”的主张，只相信看得见的，不相信看不见的，以致无法阴阳兼顾并重，不能自觉，也无法明辨。现代中华民族警觉性低、应变力差，同化力也大不如前，令人十分担忧。倘若不能及早改变现有的心态，势必愈来愈偏离正道，走入偏道、邪道、小道，那时候才想研究易学，不但为时已晚，而且愈加不可能有效了！

西方人不明白“变中有常”的道理，以致头痛医头、脚痛医脚，只能治标而难以治本。他们的著作，通常维持三到五年，便要推出新的主张。所以西方出版品，必须注明出版年份，三五年，最多十年，就需要改版甚至于被淘汰。而我们的书籍，愈古老愈有精读的价值。几千年来，举凡《论语》《道德经》《易经》《黄帝内经》《三字经》，都可以让人一读再读，终生受用。因为每隔一段时间重读，即有新的体会、新的领悟。当自己有所成长后，就更加能够深入古书的字里行间，看出以前所看不出的玄妙。然而现代出版界，受到西方商业化的影响，居然竞相推出新书，同时将出版年份稍久的书籍全部下架，实在是不知中西学问的根本差异所做出来的可笑行径。我们常说“商业化”迟早吃掉“中华文化”，可惜大家依然不甚了解，着实令人担忧！我们当然需要“商业”，但是“商业化”不是好主意；就好像我们需要“工业”，却不应该“工业化”，以致留下很多遗毒，久久难以清除。《易经》贲卦（䷕），明白告诉我们“人性是本质，文明是现象”。卦象刚柔相杂，象征以“文”化成天下，只有“文”才能“化”。我们很早就发展农业，但是始终没有提出“农业化”的主张，因为我们知道农业是不能化的，只有“文”才能化。英国人致力于工业化，美国人醉心于商业化，而我们这些炎黄子孙，竟然把圣贤的交代抛诸脑后，盲目地追随西方的脚步，大搞工业化与商业化，却严重地轻忽了自己的文化，这证明我们已经本末倒置、轻重不分，似乎原有十分坚强的同化力，如今已经薄弱得无法与西方文明相互交流了！

我们这一次以“易经真的很容易”为系列丛书名，尝试把《易经》做出“人人都看得懂”的解说，便是基于这种危机感才“自讨苦吃”、不自量力而为之。然而，我们在“自讨苦吃”的同时，也是抱持着“自得其乐”的心情。因为一天到晚把《易经》说得难、难、难，对易学的发扬只有障碍，而缺乏了激励的动力。何况“看它容易，果然就很容易”这不是心想事成，符合“心易”的法则吗？但愿读者在看完本书后，能够不吝多加赐教，至为万幸！

曾仕强　刘君政

谨识于台湾师范大学

離
坤
兌
乾
坎
艮
震
巽

目 录

第一章 五行为何相克又相生？

阴阳五行在中国社会流行，
既久远又广泛，影响相当大。

各有各的说法，也各有其功能，
我们既尊重且包容。

但是相信到差不多就好了，
再信下去，很可能就迷进去了！

“差不多”的意思，是不能“差太多”，
差太多容易误己又害人，非常不应该。

五行相生又相克，有阴有阳，
阴阳五行，当然变化灵活又多端。

有巧合，也就有人为的配合，
这就是我们常说的“心诚则灵”。

一、五行学说始于《尚书·洪范》

《史记·孔子世家》指出：孔子以诗、书、礼、乐作为教学的主要内容。其中的“书”便是《尚书》，该书是上古历史文件和部分追述古代事迹著作的汇编。周朝的文书当中，有一篇记载箕子为武王陈述“洪范九畴”的文件，称为《洪范》篇。把“水、火、木、金、土”当作宇宙中五种最为根本的物性，分别为“水曰润下、火曰炎上、木曰曲直、金曰从革、土爰稼穑”，水性往下润湿，火性向上焚烧，木性可弯曲也能伸直，金属可凭人意而改变形状，土壤能够种植、收获五谷。原来的用意，也许是归纳出宇宙间五种基本的行动方式，作为万事万物共生共存、互相调整因应的行动准则。把“水、火、木、金、土”当作五种基本对象，不过是静态的象征；倘若代表五种基本行动方式，那就是动态的表现。中华文化源于《易》，宇宙万物无不变动不居，我们是由“行”求“知”的民族，所以重视五行的研究。

《洪范》除了“五行”之外，还提出“五事”“五纪”和“五福”。“五事”指貌（态度）、言（言论）、视（眼光）、听（听觉）、思（思想），认为态度要恭敬、言论要正当、眼光要明亮、听觉要清晰、思想要通达。“五纪”即岁、月、日、星辰、历数，都是关于天象时令的推算。“五福”是寿、富、康宁、攸好德、考终命，也就是长寿、富裕、健康安宁、修养美德、年老而得善终。我们的手掌，共有五根手指头。五指握拳，象征可以自行掌握，所以古人常用“五”，也就是“一、三、五、七、九”五阳数的中数，来归纳相关事宜。

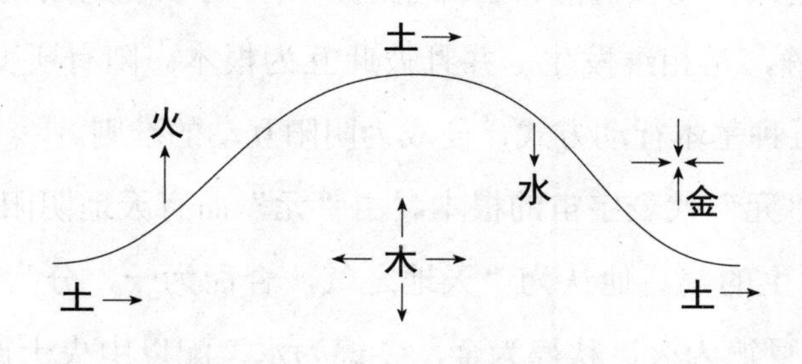

五行指宇宙万物五种基本行动方式

二、把五行和阴阳合在一起

《易传》只说“阴阳”，没有提及“五行”。但是太极“其小无内，其大无外”，当然可以包含五行。于是五行融入易学，应该是理所当然、势所必然的事情。太极虽然无形、无迹、无声、无臭，却有其动静。太极大到无外，当然不可能产生位移。所以太极的动，不过是内在的动。动而生阳，动极而静，自然生阴。阳，可以说是太极的动；阴，可以表示太极的静。阴阳和动静，是相继发生，并且彼此互为根本。阳有所变动，阴就加以配合。水、火、木、金、土五种基本行动方式，便成为阴阳互动的准则。

汉代董仲舒，以“元”代表宇宙的根本。由“元”而有天地阴阳，产生万物。他所说的“元”，是先天地而生的气。他认为“天地之气，合而为一，分为阴阳，判为四时，列为五行”。春德为木，夏德为火，秋德为金，冬德为水，配以中央土德。阳生物而阴成之，所以物生于春夏，而成于秋冬。由于阴阳二气的性质与作用是相反的，因此阳气暖而阴气寒，阳气予而阴气夺，阳气仁而阴气戾，阳气宽而阴气急，阳气爱而阴气恶，阳气生而阴气杀。总而言之，阳常居于实位而行于盛，阴常居于空位而行于末。

把阴阳和五行合在一起讲，董仲舒似乎是第一人。他的用意，在以人道符合天道，也就是以人为秩序符合自然秩序。他的想法，其实从黄帝开始，便是“道政合一”的实践。把阴阳和五行合在一起的主要功能，在探讨政治与人事的价值。依据天道来推行人文政教，成为中华文化“官本位”的重要途径。

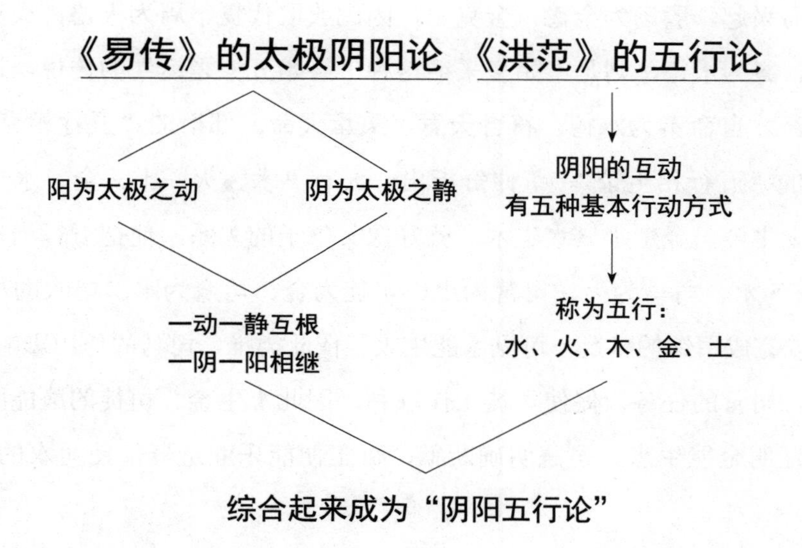
《易传》的太极阴阳论
《洪范》的五行论
阳为太极之动
阴为太极之静
阴阳的互动
有五种基本行动方式
一动一静互根
一阴一阳相继
称为五行：
水、火、木、金、土
综合起来成为“阴阳五行论”

三、邹衍提出五行相克史观

《史记·封禅书》记载：齐威王、宣王时期，邹衍等人著书立说——五德终始说，提出古帝王朝代的更替，与五行的相克相呼应。黄帝为土德，夏禹为木德，由于木克土，所以夏禹继黄帝而兴起。殷汤为金德，金克木，因此殷取代夏。周为火德，火克金，是以周武王灭商纣王。秦为水德，则是秦始皇采纳这种“终始五德之运”的传说，认定周朝是火德，水能克火，才自命秦为水德，符合天意，秉承天命。邹衍的“五行相克论”，很可能启发了董仲舒的“五行相生论”。董仲舒指出：天有“木、火、土、金、水”五行；木生火、火生土、土生金、金生水、水生木，就好像父生子的关系。他把五行当作“五种行为规范”，以司农为木、司马为火、司营为土、司徒为金、司寇为水。司农的尽责使仓库充实，司马的才能完成军饷的备足，可见木能生火。依此类推，司马的作用影响司营的工作，所以火能生土。司营的任务，促使司徒工作顺利，因此土生金。司徒的廉能刚毅，助成了执法的司寇，证明金能生水。司寇明确断狱，百工便能乐业造器，使司农的有便利工具，说明水能生木。

然而，我们深一层追究：黄帝为土德，还能接受。夏禹治水有功，为何不是水德而是木德？何况黄帝之后尚有尧、舜，为什么一下子跳到夏禹？至于秦始皇焚书坑儒，何以称为水德？种种疑问，也实在难以解释。我们不反对五行有生克的作用，但是生克作用很可能是相对的，并非绝对的。只能弹性运用，最好不要强调必然如此。

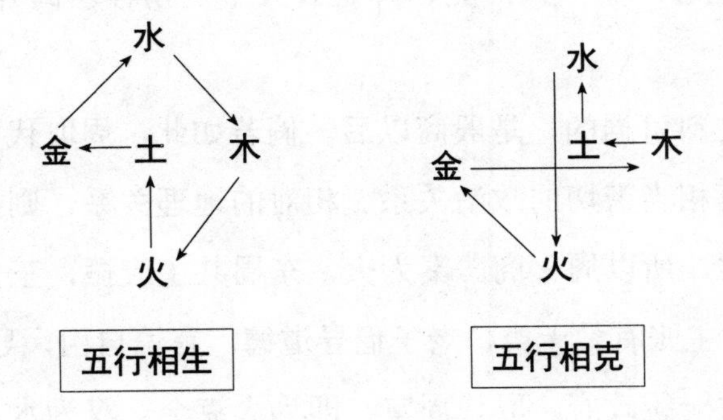

五行相生　　五行相克

四、朝代更替好像从周开始

孔子和老子两大圣贤，都在解说易理。两老心目当中，都有古代圣王的名位。但是，孔子多次提出尧、舜，老子则从来不明白指称。中华道统，自尧、舜、禹、汤、文武至周公一直持续流传。孔子明白加以尊崇，是为了树立典范，供后人学习。老子隐名不称，则是为了方便后人随机应变，从道不从人。如此，才能继旧开新绵延不绝。

黄帝是落实伏羲理想的第一人，尧、舜是公天下的榜样。禹开始传位给自己的儿子，却没有私天下的意图。

朝代更替真正有史料可据的，是殷商以后。倘若如此，周取代商，应该是第一次朝代更替。商与周，显然有相当密切的政治关系。相对的地理关系，则是商在东而周在西，东方木、西方金，金克木，所以周灭商。秦为火，东周共主衰微，王命不行，因此造成春秋五霸、战国七雄。孔子主张有教无类，老子倡导道德。言论自由，导致诸子百家各自发挥。秦始皇灭六国，建立大一统政府，取代周室，即为火克金。汉为水，刘邦灭秦，便是水克火。唐朝引入大乘佛教，号召人身难得、中土难生，岂不是以土克水？

中国人、中国字、中国话，最具有弹性和包容性，也最容易牵强附会。老子说："道可道，非常道；名可名，非常名。"实际上也就是《易经》"不可为典要，唯变所适"的思维。孔子把它说成"无可无不可"，这对于现代人愈来愈把科学看成宗教，认为其神圣而不可侵犯，实在是一帖最好的清醒剂。应该精确的，当然要精确；不必要精确时，只要差不多而不是差太多，又有何不可？

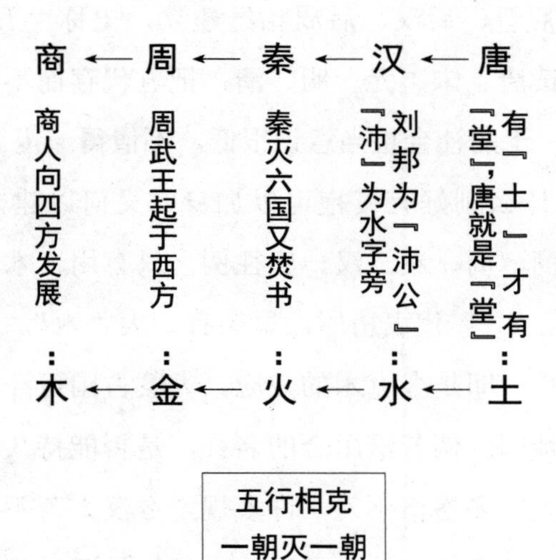
商 ← 周 ← 秦 ← 汉 ← 唐
商人向四方发展
周武王起于西方
秦灭六国又焚书
刘邦为『沛公』『沛』为水字旁
有『土』才有『堂』,唐就是『堂』
木 ← 金 ← 火 ← 水 ← 土
五行相克
一朝灭一朝

五、中国封建帝制结束于清朝

唐朝二十一帝，使长安成为当时著名的国际大都市，人口曾经破百万，吸引许多来自各国的留学生、使臣、商人，唐太宗还被奉为各民族的共主，尊称为“天可汗”。

唐亡，后梁、后唐、后晋、后汉、后周相继建立，史称“五代”，加起来却只有五十多年。我们读历史，大多读唐、宋、元、明、清，把五代存而不论，主要原因是那一阶段的人，缺乏国家民族观念，士的社会担当意识很低，不值得一提。

赵匡胤陈桥兵变，为什么刚好有黄袍可以加身？又何以建立宋朝？很可能是经高人指点，要继唐朝而起。依商、周、秦、汉、唐往例，只有用“木克土”才行得通。于是姓赵的皇帝，定朝代名为宋。“宀”代表房屋，里头有一大“木”，当然能把唐土所遗留的痕迹，全部都克掉！金兴宋亡，即是金克木的效应。大蒙古国可汗成吉思汗统一塞外，元太宗灭金，元世祖建立大元帝国。倘若沿用金的名称，是否能持久一些？我们不得而知。但是由于蒙古人的观念与汉人大多格格不入，许多规定令汉人苦不堪言。有人制作月饼，饼中夹有“八月中秋吃月饼，大家齐心杀鞑子”的字条，足证元朝民心已失。朱元璋举明灭元，元朝只维持了短短九十多年时间，又是“火克金”。努尔哈赤起兵叛明，建国号后金。如果不是接受了汉人的建议，改国号为清，怎么能够“水克火”而灭明呢？辛亥革命结束了延续两千多年的封建帝制，中山先生在南京任中华民国临时大总统，从此以“中”（土）克清（水），也停止了长期以来的改朝换代。看了以上的分析，你们对“五行相克”有什么想法呢？

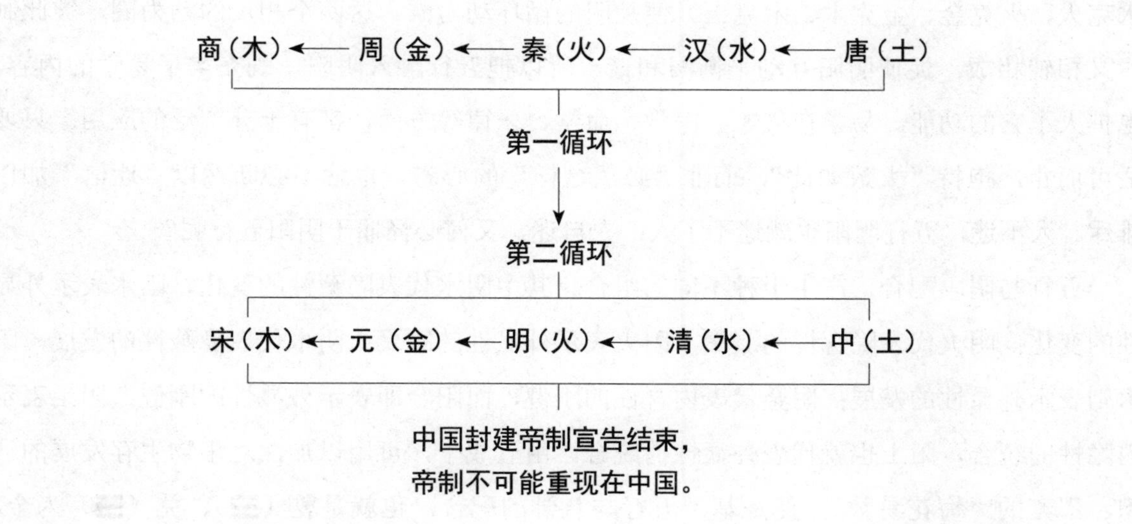
商（木）
周（金）
秦（火）
汉（水）
唐（土）
第一循环
第二循环
宋（木）
元（金）
明（火）
清（水）
中（土）
中国封建帝制宣告结束，
帝制不可能重现在中国。

六、五行阴阳的循环动力圈

两汉以后，五行和阴阳几乎难分难解。五行相生相克，也具有阴阳关系。如果相生（土生金、金生水、水生木、木生火、火生土）是阳的循环动力圈，那么相克（土克水、水克火、火克金、金克木、木克土）便是阴的循环动力圈。这两个相反的动力圈，彼此制约又相辅相成，促使阴阳互动平衡与和谐。所以把五行融入阴阳，既充实了易学的内容，也扩大了它的功能。易学在气象、医学、命学、乐律等方面，都有十分广泛的应用。只要适可而止，抱持“大致如此”，而非“必然这样”的心态，也就不必断然以“迷信”加以排斥。人不迷，五行阴阳也就迷不了人；人自迷，又何必怪罪于阴阳五行呢？

五行与阴阳配合，产生十种不同的组合。其中阴水代表隐藏性的变化，阳水表示外显性的变化；阴火代表隐含性的凝聚，阳火表示外显性的凝聚；阴木代表隐蔽性的发展，阳木则表示外显性的发展；阴金代表内含性的刚健，而阳金即表示外显性的刚健；阴土表示内隐性的统合，阳土也就代表外显性的统合。由五成十，可用以加深对事物生存发展的认识。邵雍的“梅花易数”，便是基于五行与八卦的配合，也就是乾（☰）、兑（☱）为金，坤（☷）、艮（☶）为土，震（☳）、巽（☴）属木，坎（☵）为水，离（☲）为火。因而八卦之间，产生了生克的关系。如果加上河图、洛书，那就愈演愈复杂了。可以当作兴趣，作为参考即可，若是深入再深入，把它当作专业，那就终其一生受累了。

阴阳五行的结合

水	阴水	阳水
火	阴火	阳火
木	阴木	阳木
金	阴金	阳金
土	阴土	阳土
五 （生数）	十 （成数）	

我们的建议

（一）大道至简，易理以简单、明了为要。倘若愈弄愈复杂，愈来愈难以了解，那就要从方向、方法、方式三方面加以检讨改进。务求简易、方便且有效。

（二）易道广大，当然无所不包。我们不能说五行不可融入易道，以免自相矛盾。阴阳五行结合，纯属理所当然、势所必然。因为易道既然是中华文化的总源头，那么任何小道、歪道、偏道，实际上也都包含在内，难以排除。

（三）我们不否定命学，如果连命都没有了，人还活得了吗？我们只是认为：命掌握在自己心中（不是手中），心一改，命就改，这就叫作“心易”——用心改变自己的命运。

（四）更重要的是：改命的目的为何？倘若只是为了活得更久、更快活，就算求得了，又有什么价值？如果是为了提升自己的品德修养，用心实践便是，又何必把命运算得准。

（五）五行是阴阳互动时可能发生的五种行动方式。自己在日常生活当中多反省、多调整。时时凭良心，常常立公心。少私，寡欲；见素，抱朴。每当有转折时，便做好合理的阶段性调整。力求依易理而行，又何必忧虑恐惧呢？

（六）除了阴阳五行，“天干地支”也是我们经常遇到的课题。“十天干、十二地支”到底是在说些什么？有什么样的功能呢？我们最好也加以了解，以便能对《易经》有更深一层的认知。

第二章 天干地支有什么作用？

我国的历法，为阴阳合历，
比起称为阴历，更宜称为农历。

农历起源于黄帝时代，逐渐变化，
是配合天象，观察四季日出、日落计算而成。

以月球环绕地球一周的时间，为一个月；
以地球环绕太阳一周的时间，为一年。

后来用天干和地支配合，成为六十甲子，
构成干支纪年的方式，每六十年循环一次。

阴阳五行和天干地支结合在一起，
成为人类最早出现的全般系统架构。

天干地支被广泛应用在历法、医药、兵学、命学各方面，
我们既不必完全相信，也不应该断然指称其为迷信。

一、天干地支配成六十甲子

“十天干”即“甲、乙、丙、丁、戊、己、庚、辛、壬、癸”。“十二地支”为“子、丑、寅、卯、辰、巳、午、未、申、酉、戌、亥”。“十天干”配合“十二地支”，共得六十种组合。从殷商开始，便用以纪年，通称“六十甲子”。也就是始于“甲子”，终于“癸亥”，每六十年周而复始，循环不已。其中有六甲（甲子、甲寅、甲辰、甲午、甲申、甲戌），五子（甲子、丙子、戊子、庚子、壬子），终而又始，自古以来连续不断。

现行的公元（公历）纪年，可以换算成为干支纪年。如 1924 年岁次甲子，1925 年即为乙丑，1926 年丙寅、1927 年丁卯、1928 年戊辰、1929 年己巳、1930 年庚午、1931 年辛未、1932 年壬申、1933 年癸酉、1934 年甲戌、1935 年乙亥、1936 年丙子、1937 年丁丑、1938 年戊寅、1939 年己卯、1940 年庚辰、1941 年辛巳、1942 年壬午、1943 年癸未、1944 年甲申、1945 年乙酉、1946 年丙戌、1947 年丁亥、1948 年戊子、1949 年己丑、1950 年庚寅、1951 年辛卯、1952 年壬辰、1953 年癸巳、1954 年甲午、1955 年乙未、1956 年丙申、1957 年丁酉、1958 年戊戌、1959 年己亥、1960 年庚子、1961 年辛丑、1962 年壬寅、1963 年癸卯、1964 年甲辰、1965 年乙巳、1966 年丙午、1967 年丁未、1968 年戊申、1969 年己酉、1970 年庚戌、1971 年辛亥、1972 年壬子、1973 年癸丑、1974 年甲寅、1975 年乙卯、1976 年丙辰、1977 年丁巳、1978 年戊午、1979 年己未、1980 年庚申、1981 年辛酉、1982 年壬戌、1983 年癸亥，1984 年又是甲子，另一个六十年开始。

天干地支与公元纪年速推表

公元的千、百位	0 3 6 9 12 15 18	1 4 7 10 13 16 19	2 5 8 11 14 17 20	0	1	2	3	4	5	6	7	8	9	公元的个位	备注
				辛 **庚**	庚 **辛**	己 **壬**	戊 **癸**	丁 **甲**	丙 **乙**	乙 **丙**	甲 **丁**	癸 **戊**	壬 **己**	天干	
公元的十位	0，6	2，8	4	酉 **申**	申 **酉**	未 **戌**	午 **亥**	巳 **子**	辰 **丑**	卯 **寅**	寅 **卯**	丑 **辰**	子 **巳**	地支	公元后的甲子查粗黑体字 公元前的甲子查细黑体字
	1，7	3，9	5	亥 **午**	戌 **未**	酉 **申**	申 **酉**	未 **戌**	午 **亥**	巳 **子**	辰 **丑**	卯 **寅**	寅 **卯**		
	2，8	4	0，6	丑 **辰**	子 **巳**	亥 **午**	戌 **未**	酉 **申**	申 **酉**	未 **戌**	午 **亥**	巳 **子**	辰 **丑**		
	3，9	5	1，7	卯 **寅**	寅 **卯**	丑 **辰**	子 **巳**	亥 **午**	戌 **未**	酉 **申**	申 **酉**	未 **戌**	午 **亥**		
	4	0，6	2，8	巳 **子**	辰 **丑**	卯 **寅**	寅 **卯**	丑 **辰**	子 **巳**	亥 **午**	戌 **未**	酉 **申**	申 **酉**		
	5	1，7	3，9	未 **戌**	午 **亥**	巳 **子**	辰 **丑**	卯 **寅**	寅 **卯**	丑 **辰**	子 **巳**	亥 **午**	戌 **未**		

二、“十天干”原本是用以纪日

《史记》称“十天干”为“十母”。一个月大致可以分成“上、中、下”三旬。每旬十天，就用“十天干”来表示。后来也用以表示四季:“甲乙”指春季，种子破壳而出的意思;“丙丁”为夏季，植物明显茁壮;“戊己”居中，指夏秋之际，枝叶茂盛，将要结出果实;“庚辛”即秋季，万物能收成;“壬癸”为冬季，种子的活力深藏于内。“天干”配“五行”，则是：甲乙属木、丙丁为火、戊己属土、庚辛为金，而壬癸则属水。

《史记·历书第四》记载：黄帝时考察星度，制定历法，建立了五行序列，确立起阴阳消长的规律，纠正了闰月余分数值的大小。中国的历法，向来采用阴阳合历，称为“农历”。以月球（阴）环绕地球一周的时间为“一个月”，而以地球环绕太阳（阳）一周为“一年”。由于一个朔望月约 29.53 天，一年即有 354.36 天。但是地球环绕太阳一周（即回归年）却有 365.24 天，阴历年就比阳历年相差了 10.88 天，为协调回归年与朔望月之间的天数，会通过合理的“置闰法”。那就要按照二十四节气来安排。古代农耕社会，需要更为精准的历书，所以历代都有专门研究历法的官员，依据日月运行的周期，及其对节气时令的影响，并且配合“金、木、水、火、土”五星辰的情况，审定“春分、夏至、秋分、冬至”的正确日子，使百姓得以掌握时令节气的变化，从事农耕生活。以四方（东、西、南、北）配四时（春、夏、秋、冬），十分周密而可行。

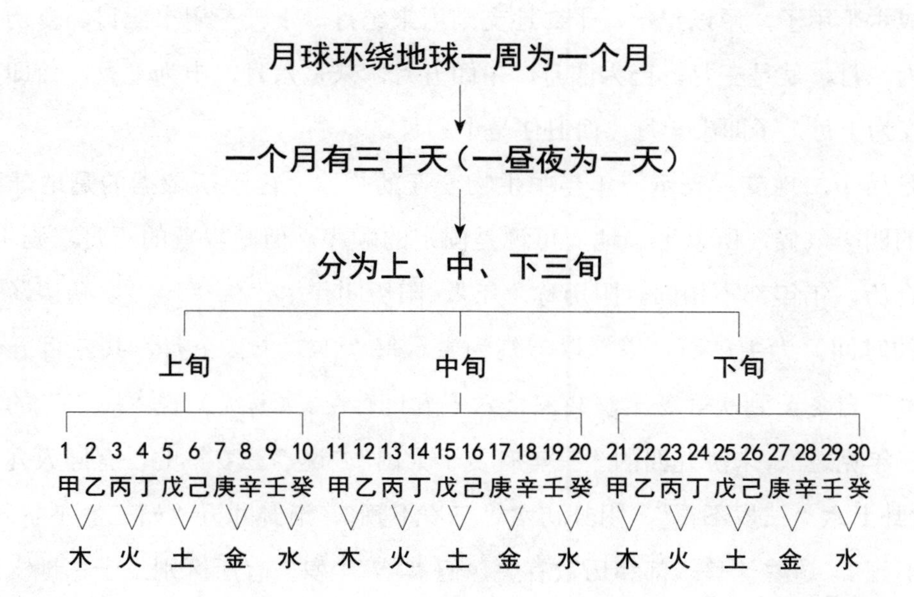
月球环绕地球一周为一个月
一个月有三十天（一昼夜为一天）
分为上、中、下三旬
上旬
中旬
下旬
1 2 3 4 5 6 7 8 9 10 11 12 13 14 15 16 17 18 19 20 21 22 23 24 25 26 27 28 29 30
甲乙丙丁戊己庚辛壬癸 甲乙丙丁戊己庚辛壬癸 甲乙丙丁戊己庚辛壬癸
木 火 土 金 水 木 火 土 金 水 木 火 土 金 水

三、十二地支配合传统历法

《史记・历书第四》指出：夏朝以寅月为正月，殷朝以丑月（夏历十二月）为正月，周朝则以子月（夏历十一月）为正月。三个朝代的正月，有如循环般首尾互相衔接。天干地支配合成六十甲子，用以纪年，十二地支则用来纪月，十天干用来纪日。夏历以寅为正月，卯即为二月，辰是三月，巳为四月，午即五月，未是六月，申为七月，酉即八月，戌是九月，亥为十月，子即十一月，而丑便是十二月。

历书是用十二地支，表示一年当中生物变迁的规律。由于所依据的是地球绕太阳运行而造成的四季气候，所以十二地支可说是固定的顺序。但是岁首的正月，则不必固定。大抵阴阳合历，年年都不相同。阴历称“年”，阳历叫作“岁”。“年”以朔望（月球环绕地球一周的时间）为主，而“岁”以节气为主。每“年”十二个月，共三百五十四日有奇；每“岁”自冬至到次岁冬至，共三百六十五日有奇。《易经》说“三年”的，有既济九三的“三年克之”、未济九四的“三年有赏于大国”。说“三岁”的，有同人九三“三岁不兴”、坎卦上六“三岁不得”、困卦初六“三岁不觌”、渐卦九五“妇三岁不孕”、丰卦上六“三岁不觌”。这些爻辞，都和历数有关，但“年”“岁”有所区别。十二地支还可以配合一天二十四小时：午后十一时到午前一时，也就是夜间二十三时到隔天一时，为子时。每两个时辰配合一个地支，一天二十四小时正好配合十二个地支。另外，也可以配合十二生肖，分别为子鼠、丑牛、寅虎、卯兔、辰龙、巳蛇、午马、未羊、申猴、酉鸡、戌狗、亥猪。

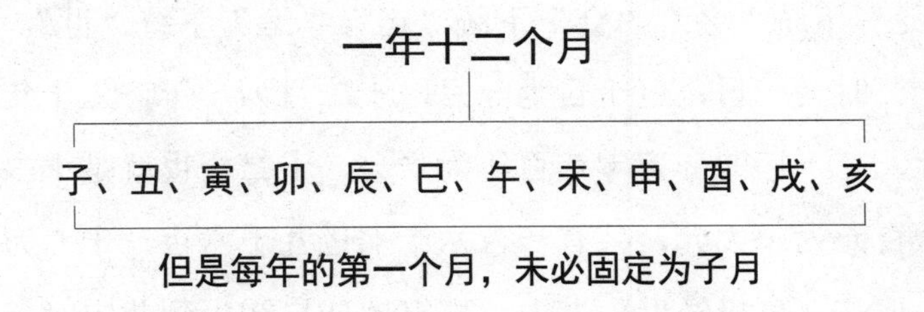
一年十二个月
子、丑、寅、卯、辰、巳、午、未、申、酉、戌、亥
但是每年的第一个月，未必固定为子月

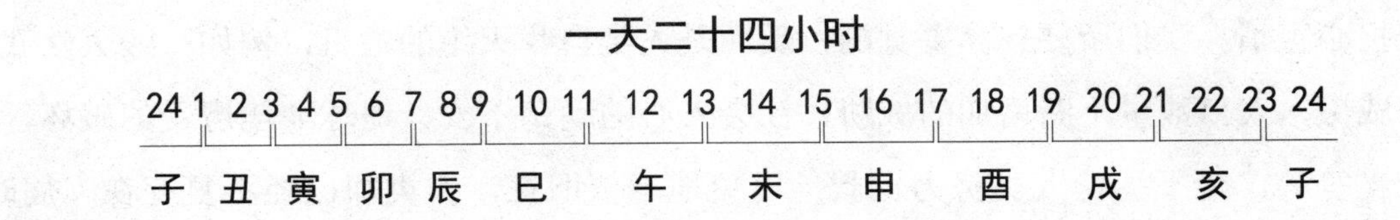
一天二十四小时
24 1 2 3 4 5 6 7 8 9 10 11 12 13 14 15 16 17 18 19 20 21 22 23 24
子 丑 寅 卯 辰 巳 午 未 申 酉 戌 亥 子

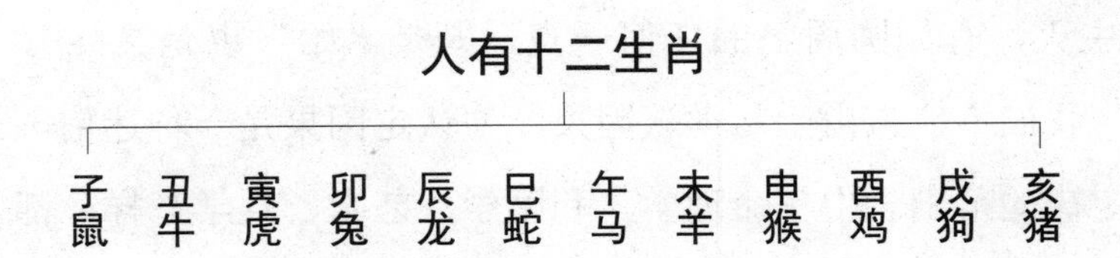
人有十二生肖
子 丑 寅 卯 辰 巳 午 未 申 酉 戌 亥
鼠 牛 虎 兔 龙 蛇 马 羊 猴 鸡 狗 猪

四、元会运世推算地球寿命

宋代邵雍以易数推算地球的寿命，提出“元会运世”的说法。他假设“元”为地球存在的一个单位，“元”下统“会”，“会”下统“运”，“运”下统“世”。有如年统月，月统日，而日统时。十二时为一日，三十日为一月，十二月为一年，三十年为一世，十二世共三百六十年为一运，三十运即一万零八百年为一会，十二会也就是十二万九千六百年为一元，十二万九千六百元为一大元，共有一百六十七亿九千六百一十六万年，代表地球寿命的一个完整周期。他在《皇极经世》书中，推算地球自初生到北宋时代，已经活了六亿一千八百八十四万年。倘若以“一大元”的周期来估算，“地球末日说”应该还十分遥远，用不着担心害怕。我们所要提高警觉的，反而是人类自我灭绝的危机，例如：毁灭性武器的互相威慑、人口数量不断增加的威胁、社会人心的动荡不安、地球环境遭受的破坏、道德的沦丧等等，无不亟待人类努力自救，以免地球依旧在，人类却已经不复存在。届时，即使《易经》、科学、医学、文明再怎么样的精微、发达，恐怕都将无用武之地。

宇宙天体的生灭，有如圆周上的任何一点，既是“始”也是“终”。这种循环法则，构成了因果定律。我们不应该由于易学谈因果，便认定因果是一种迷信。人的一生，都无法脱离这种因果定律的范围。中华命理学，和医学、艺术、兵学一样，都是由此而生，而其基本依据，即为易学。现代科技发达、民智大开，各种信息快速交流，我们仍需用心体悟，努力实践易学的象数、义理，其主要原因即在于此。

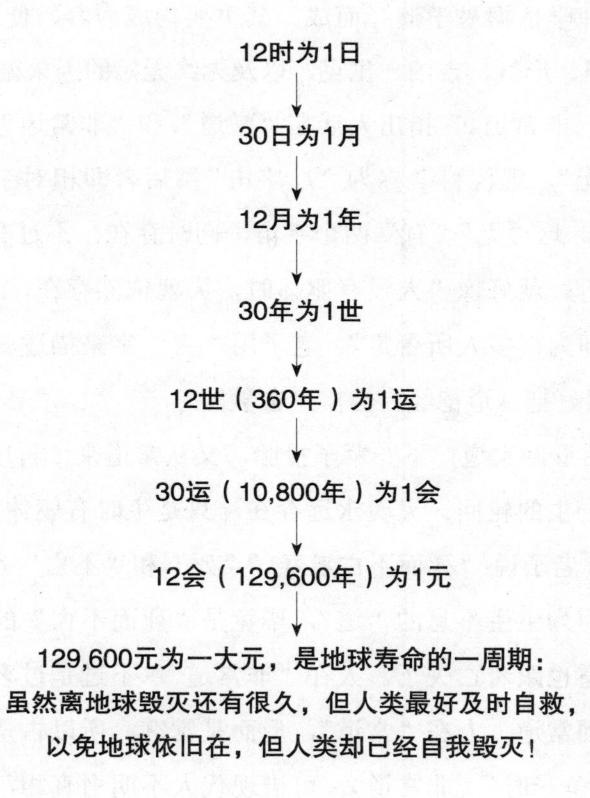
12时为1日
30日为1月
12月为1年
30年为1世
12世（360年）为1运
30运（10,800年）为1会
12会（129,600年）为1元
129,600元为一大元，是地球寿命的一周期：
虽然离地球毁灭还有很久，但人类最好及时自救，
以免地球依旧在，但人类却已经自我毁灭！

五、命理学离不开轮回作用

我们并不讳言命理学依据易学演绎而成。其主要构成内容，便是无极、太极、阴阳、五行、天干地支、动静、形气、吉凶、生克，以及无终无始的因果循环。

老子说："道可道，非常道。"指出人活在"常道"和"非常道"两个世界。前者为绝对宇宙，老子称为"无"，现代科学称为"反宇宙"；后者即相对宇宙，老子称为"有"，现代科学叫作"宇宙"。这"无""有"两个宇宙，同时存在，不过有了两个不同的"名"，所以混淆了我们的视听。就好像"人没有躯体时，灵魂依然存在，却称为死亡""人有躯体时，灵魂在体内，却为很多人所否定"。老子用"玄"字来描述其中的玄妙，很多人看不懂，也想不明白，只好把《道德经》当作"玄学"。

人从常道来，死后返回常道。下一辈子投胎，又从常道来，再度死亡，复返常道。这是一生一死，一死又一生的轮回。灵魂永远存在，只是生时有躯体，死亡时把躯体丢弃，一无所有地返回常道。老子说："死而不亡者寿。""死"和"不亡"是不同的情景，老子却认为没有什么不同。因为生生不息的"道"，毕竟是"死而不亡"的，并不会由于个人的死亡，使生生不息之道也跟着亡失了。人在"非常道"，不过是过客，短短几十年，了不起一百多年，便要返回常道。人在"常道"，反而是常客。所以古圣先贤，期望我们"争千秋"（常道）而不"争一时"（非常道）。可惜现代人不明白真相，用各种学说来迷惑自己，还认为是进步的观念。

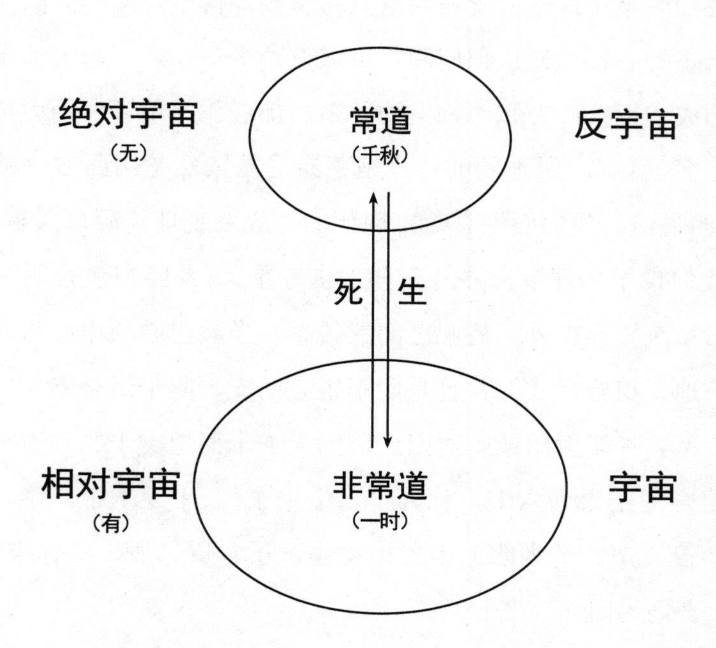
绝对宇宙
（无）
常道
（千秋）
反宇宙
死
生
相对宇宙
（有）
非常道
（一时）
宇宙

六、六十甲子构成符号系统

西方自莱布尼兹提出系统观念，康德、黑格尔接着加以补充与发挥，到了二十世纪五十年代，才发展成一般系统理论。莱布尼兹当年赞扬并接受《易经》的认识论，使他摆脱了一直困扰西方思想的心物二元认识问题，可以兼顾多与一、一与多的宇宙关系，这才提出“单子论”的构成。把“心”和“物”的关系，都看作“单子”的力量，实际上，就是我们常说的“一之多元论”。所不同的，只是莱布尼兹依然是用西方“神”的概念，来解释《易经》“道”的说法。我们心中有数，现代的一般系统理论源自《易经》。西方人不愿意承认的心态，我们也十分理解，并且充分加以尊重。《易经》包含阴阳、五行、天干地支，也不能将一般系统排斥在外。彼此之间的关系，当然也必须用心深入研究。譬如六十甲子，不但由天干地支组合而成，并且是阴干组合阴支、阳干组合阳支。换句话说：只能阳对阳或阴对阴，不容许阳对阴或阴对阳。因为天干十而地支十二，十与十二的最小公倍数为六十，所以组合的结果为六十，称为“六十甲子”。十天干中，甲、丙、戊、庚、壬为阳，而乙、丁、己、辛、癸为阴。十二地支中，子、寅、辰、午、申、戌为阳，而丑、卯、巳、未、酉、亥则为阴。

阴阳五行与六十甲子，构成《易经》的一般系统，广泛地应用在气象、医药、乐律、军事、工艺、史观、价值等方面。占卜之术早在两汉以前便有专业开馆是事实。命学自东汉以后，就逐渐形成复杂的理论和方法，我们不必完全视为迷信。

六十甲子组合表

甲子	乙丑	丙寅	丁卯	戊辰	己巳	庚午	辛未	壬申	癸酉
甲戌	乙亥	丙子	丁丑	戊寅	己卯	庚辰	辛巳	壬午	癸未
甲申	乙酉	丙戌	丁亥	戊子	己丑	庚寅	辛卯	壬辰	癸巳
甲午	乙未	丙申	丁酉	戊戌	己亥	庚子	辛丑	壬寅	癸卯
甲辰	乙巳	丙午	丁未	戊申	己酉	庚戌	辛亥	壬子	癸丑
甲寅	乙卯	丙辰	丁巳	戊午	己未	庚申	辛酉	壬戌	癸亥

我们的建议

（一）伏羲氏一画开天，使我们明白易学的根本在象数。孔子说："五十知天命。"期望我们在生活中正本探源，以求知天。《易经》的数，大多从天文历数而来。由象定数、由数知象，原本是相通的。由此演绎出易理，更加可靠。

（二）阴历称为"年"，阳历叫作"岁"。《易经》所说的"年"或"岁"，显然和历数相关。倘若不知道当年的历数，实在难以解说其真意。所以卦爻辞的解释，也不过大致如此而已。

（三）阴阳的灵活性最大，最具有弹性。五行将行动力分为五类，较为清晰，而局限性也相对明显。天干地支的组合，更为精确，于是弹性更小。三者合用，有松有紧，演绎出很多学问，而且变化无穷，十分有趣。

（四）一头钻进去，永远爬不出来，这是最令人担心的事。若是由兴趣变成迷信，那就不好了！所以读到差不多就好，信到差不多便适可而止，应该是安全、方便、有效的读法。

（五）这些学问，大致分为"山、医、命、卜、相"，在民间流行既广且久。一方面历经时间的长期考验，一方面也屡由各方贤达体悟修正，必然是有其依据，才会历久不衰。

（六）长期以来，由于士人不方便公开研习，反而让一些不肖术士有机可乘，经常以一招半式，行走江湖，发生不少骗财骗色、害人害己的事实，令人闻之色变，这才将象数的学问视为迷信，而加以排斥、摒弃。

第三章 山医命卜相说些什么？

“山医命卜相”都源于《易经》，
合称“五术”，是流传已久的术数。

大多用来推命、论命以及算命。
人活着就有命，为什么要全盘否定？

自古以来，我们大多是“富烧香，穷算命”。
贫穷时请人算一算，看看何时才能有转机。

富贵时不敢算命，担心运会转坏，
于是经常烧香拜佛，恳求保佑好运常在。

这些方式，相当于现代的心理医生，
用来自我激励和警惕，也颇为有效。

信得合理，就不是迷信；
过分相信，就难免陷入迷信了！

一、山医命卜相通称为五术

中华文化，可以简单浓缩为一个“道”字。物理学家弗里乔夫·卡普拉（Fritjof Capra）在其所著《现代物理学与东方神秘主义》一书中指出：“‘道’虚而无形，却能生万物。其中‘气’的作用，与现代‘场’的概念不谋而合。”反观我们，却将古代盛行的“五术”视为弃物，实在是不明智至极！

“五术”即“山、医、命、卜、相”的合称，全都源于《易经》。经常透过“气、象、数、理”的系统，来解析人体的生命密码，调节、化解身心健康问题，对每一个人而言，都十分重要。

“山”指入山修炼仙道，也就是“养气于山林”。先由静坐练精化炁，再练炁化神，最后达到性命双修，可以成为“真人”，也称为“神人”或“仙人”。

“医”即医道。中华医术的针灸、汤剂、脉诊，长久以来都行之有效。我们自古以来，就知道从自然与人体的整体结构关系层面来研究生理、病理、病因以及体内外的信息呼应。从阴阳五行的配合，寻求整体平衡与合理调解。

“命”为命学。人生而有命，倘若没有命，人便活不了。对未来可能发生的挫折、不安、疾病、死亡，总是希望能够提前预知，以求逢凶化吉、转祸为福。因此命学的研究，可说是历久不衰。

“卜”为占卜，先算出本卦和之卦，再依据所得的卦、爻辞来判断吉凶。有多种占卜方式，都可以当作参考。

“相”指我们的头相、面相、手相，以及住所的阳宅和死后殡葬的阴宅。奇门遁甲、堪舆风水，都是大家经常有所耳闻的相法。指纹也是一种相，在现代犯罪学上有颇多应用。

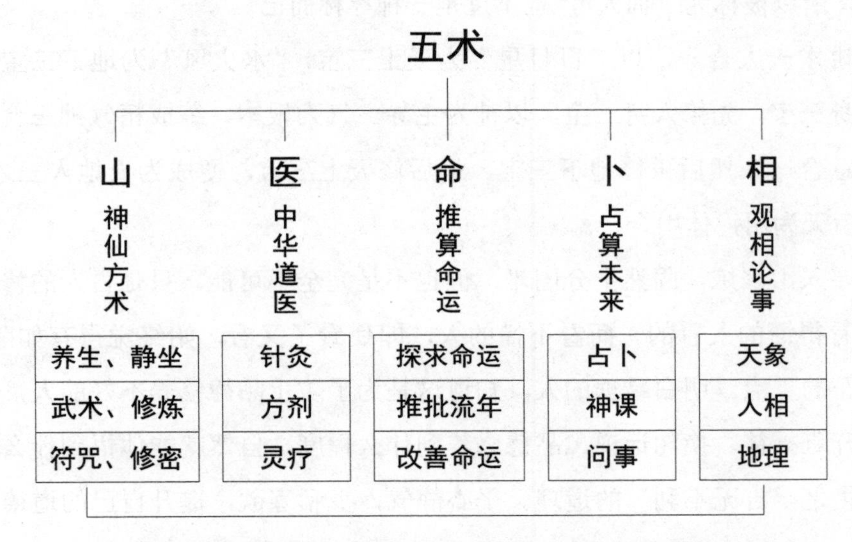

秦汉以前称为“方术”，后来叫作“道术”

二、入山修炼重视性命双修

古人认为入山修道，可以避开俗事干扰，以便清心修炼。这些隐居山林的修道人，通常自称为“山人”。修炼有成的人，则被大家称为“仙人”。“山”“人”合在一起，就是一个“仙”字，所以被称为“仙人”，也不过是一种尊称而已。

修道时讲求天人合一，以“日月星”为天上三宝，“水火风”为地下三宝，而“精气神”则为人身三宝。先修人身三宝，以神为主导，气为根本，练成精气神三合一，现代称为身、心、意合一。然后再修地下三宝，最后修天上三宝，便成为天地人三才同体合一。先天为体，后天为用，体用合一。

现代人要入山修炼，固然十分困难，但也不是完全不可能。只是古人的修炼方法，几乎都是写给看得懂的人看的。而看不懂的人，即使看了又看，始终觉得有如隔靴搔痒般，无法掌握真正的重点。明白易理的人，知道这是为了防止品德修养不好的人，拿来自己修炼，甚至于开班授徒。换句话说，品德修养到什么程度，自然就能体悟到什么地步，十分符合“自天佑之，吉无不利”的道理。平心静气，少私寡欲，提升自己的道德修养，应该是修道的最佳途径。

近年来有一股乐活（LOHAS）的风气，大家尊崇一种既追求健康又爱护大自然的生活方式。致力于自身心灵的修炼，注重当时、当地、新鲜的有机饮食，以简单、朴素的方式，来打理自己及家人的生活，并学习吐纳、静坐、导引、太极拳、武术、瑜伽等运动，逐渐摸索出适合自己的修炼方式，堪称现代的仙道。

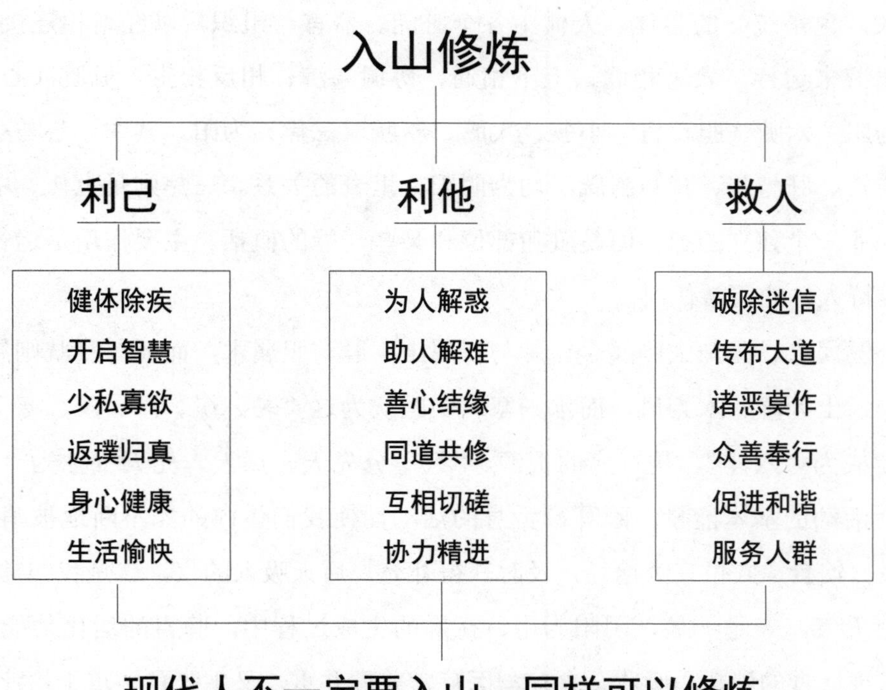
入山修炼
利己
利他
救人
健体除疾
开启智慧
少私寡欲
返璞归真
身心健康
生活愉快
为人解惑
助人解难
善心结缘
同道共修
互相切磋
协力精进
破除迷信
传布大道
诸恶莫作
众善奉行
促进和谐
服务人群
现代人不一定要入山，同样可以修炼

三、不知易，不足以言太医

中华医学的主要特色，在于把人视为有机的整体，牵一发而动全身。而且人和自然规律息息相关，也是统一的整体。人体中各个脏腑、器官、组织，以经络相连接，通过精、气、血、津液来运行，表里相联、上下相通、协调共济、相反相生。五脏（心、肺、脾、肝、肾）为阴，六腑（胆、胃、小肠、大肠、膀胱、三焦）为阳。其中，心与小肠、肺与大肠、脾与胃、肝与胆、肾与膀胱，均为阴阳、里表的关系。三焦则是上焦、中焦、下焦的合称，并非一个独立的腑，而是脏腑部位和某些功能的概括。主要作用是运行水谷及水谷精微，维持人体的正常代谢。

心与小肠属火、肺与大肠属金、脾与胃属土、肝与胆属木，而肾与膀胱则属水。火为暑、金为燥、土为湿、木为风，而水为寒。中医认为这“暑、燥、湿、风、寒”五气，加上火气，便成为“六淫”，是百病的根源。“气”分先天、后天。先天气称为“炁”，是维持我们生命活动的基本能量。眼耳鼻舌身的活动，使我们体内的炁不断地被消耗，然后，又通过呼吸、饮食、穴位三大途径，及时获得补充。后天吸入的气，就是我们常说的空气。先天炁与后天气，一隐一显，阴阳为用。在炁的生成过程中，脾胃的运化功能特别重要。所以中医重视饮食的消化与吸收，食疗与医疗常兼顾并重，又主张预防重于治疗，治未病、重调理，这些都和易理有关。现代人在讥笑“吃头补头、吃脑补脑、吃肝补肝”这种以形补形的食疗概念时，最好读一读《道德经》：“下士闻道，大笑之，不笑不足以为道！”

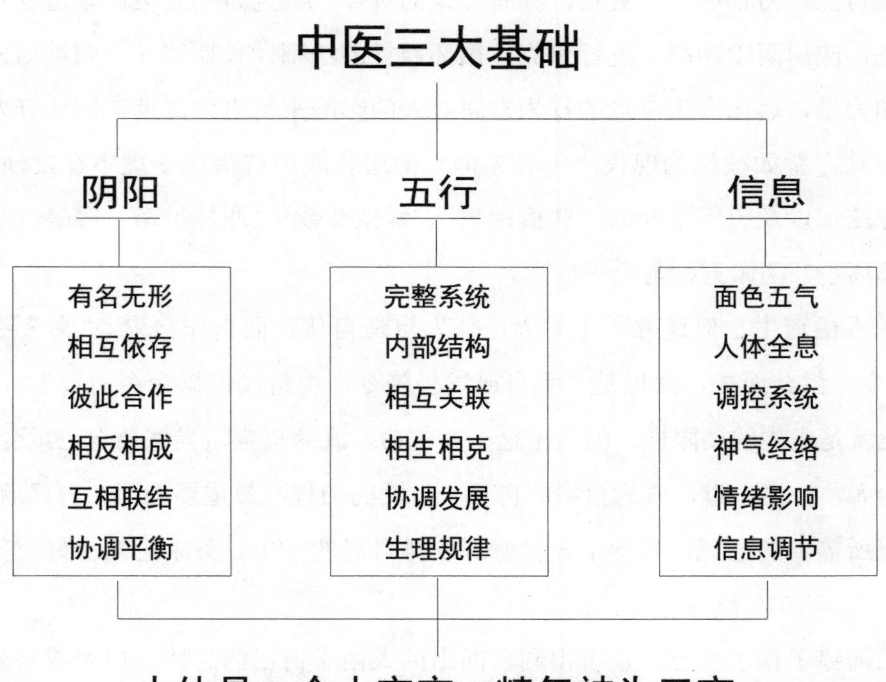
中医三大基础
阴阳
五行
信息
有名无形
相互依存
彼此合作
相反相成
互相联结
协调平衡
完整系统
内部结构
相互关联
相生相克
协调发展
生理规律
面色五气
人体全息
调控系统
神气经络
情绪影响
信息调节
人体是一个小宇宙，精气神为三宝

四、命由我造仍然可以推算

放眼大自然，万物的生长衰亡，都有一定的规律。人为万物之灵，难道就可以例外？我们的祖先，应用阴阳动静、五行生克、循环周行的法则，长期统计、归纳后发现：宿世累积的总和力量，远比今生今世的行为善恶对人的影响来得更为深远。因此开发出许多具体的算命方法，譬如被称为现代“鬼谷先师”的唐代殿中侍御史李虚中在批注《鬼谷子》时提出的方法，以及流行至今的“铁板神数”“紫微斗数”“四柱推命”等等，虽然各有千秋，却全都离不开阴阳五行与天干地支。

老子说人由道生，但道并不主宰人，任人自造自化，而自作自受。“命”字可看作由“口”与“令”组合而成，意思是“我自己发号施令，由自己依据命令而行”。由自己的累世宿命，也就是人生的局限性，创造出这一生的命。既为自主，当然要自己承受一切后果。我们生而为人，一生一世，成为自编、自导、自演的历程，最重要的即在自己欣赏、体验、领悟出自己所需要的道理，以便下一世好好安排自己的一生。务求愈演愈好，一世比一世更长进。

为了怕演错了误了自己，也害得同台演出的人由于自己的忘情、口误或是刻意求新求变乱了套而演不下去，才需要预先推算原本就是自己的安排却又想不起来的某些情节。若能抱持这样的心态来算命，就可以因应内外变数，做出阶段性的合理调整，收到持经达变的效果，对自己十分有利。否则，但求趋吉避凶，岂不成为投机取巧？而且偏离了今生今世所要修习的功课，等于是和自己开玩笑！

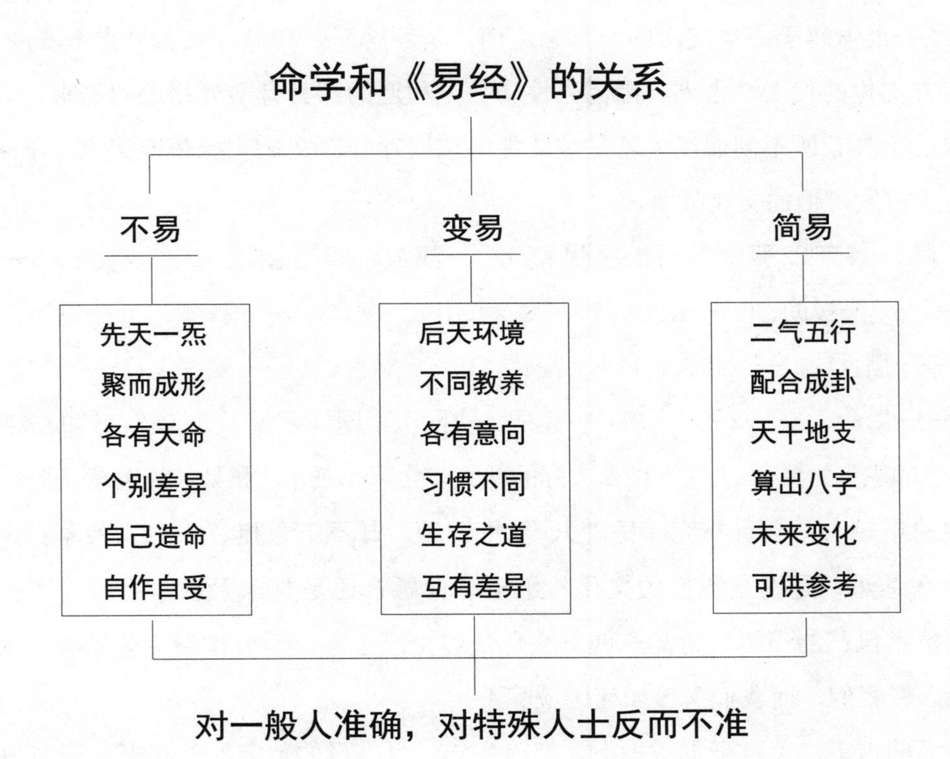
命学和《易经》的关系
不易
变易
简易
先天一炁
聚而成形
各有天命
个别差异
自己造命
自作自受
后天环境
不同教养
各有意向
习惯不同
生存之道
互有差异
二气五行
配合成卦
天干地支
算出八字
未来变化
可供参考
对一般人准确，对特殊人士反而不准

五、中外都有占卜形式不同

《易经》占卜属于中华文化的一部分。而“塔罗牌”（TAROT，又名“吉卜赛魔牌”）可以说是西方文化的代表性占卜。因为人性毕竟是相通的，具有十分相近的需求，只是用以满足需求的工具有所不同而已。若是彼此能够求同存异，文化才能和谐交流，不至互相冲突，甚至于引发可怕的文化战争。

塔罗牌一共有22张，号码依序代表：0——流浪、1——创造、2——智慧、3——丰收、4——统治、5——援助、6——结合、7——胜利、8——意志、9——探索、10——轮回、11——均衡、12——牺牲、13——结束、14——净化、15——诅咒、16——崩溃、17——希望、18——不安、19——生命、20——复活、21——完成。实际上，同样涵盖了天（超自然的裁判力量）、地（大自然的主宰力量）、人（人性及人际的冲突与化解）三才，和易卦的道理几乎是一致的。

现代的年轻人，会玩扑克（桥牌）、算塔罗牌，却不下象棋、不会以蓍草占卜，请问大家有什么感想？是不是我们的文化传承出了问题？还是有意无意地把后代子孙推向西方，而忘掉了自己的根本？值此东西方文化快速交流之际，西方携商业化的凌厉武器，毫不留情地入侵我们，而我们又该如何因应呢？

最简易的占卜，莫过于灵数占卜。把出生年、月、日的数字加总起来，譬如2013年3月22日出生的人，就把2、0、1、3、3、2、2加在一起，得数为13。再把1和3加起来，成为4，4就是这个人的灵数，由此可以大致推算出这个人的命数。事实上，每个人都有其灵数，可以作为自我调整的参考。

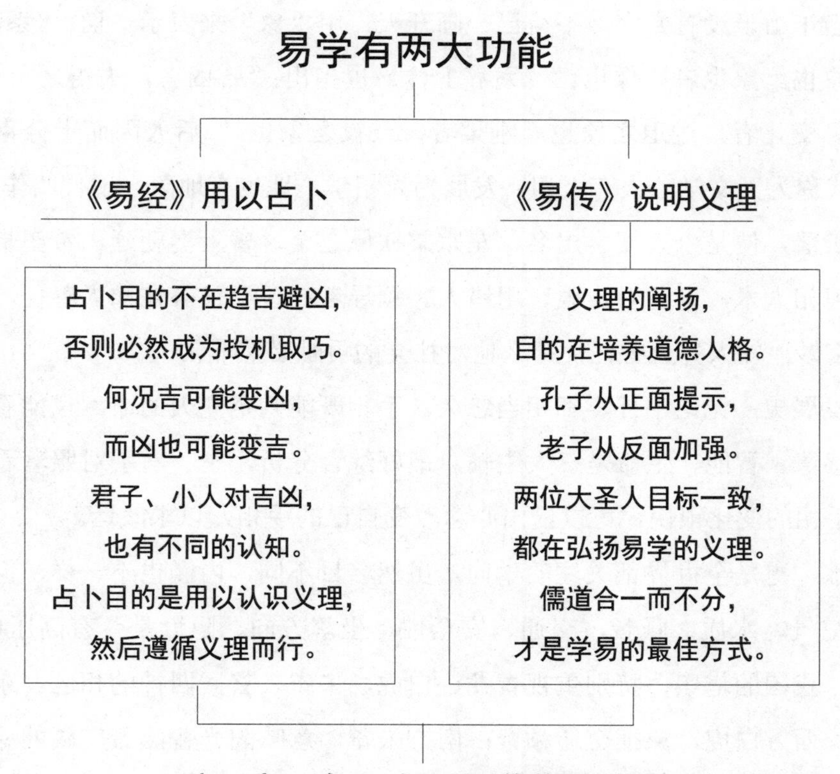
易学有两大功能
《易经》用以占卜
《易传》说明义理
占卜目的不在趋吉避凶，
否则必然成为投机取巧。
何况吉可能变凶，
而凶也可能变吉。
君子、小人对吉凶，
也有不同的认知。
占卜目的是用以认识义理，
然后遵循义理而行。
义理的阐扬，
目的在培养道德人格。
孔子从正面提示，
老子从反面加强。
两位大圣人目标一致，
都在弘扬易学的义理。
儒道合一而不分，
才是学易的最佳方式。
辞、变、象、占，四道兼顾并重

六、天象地理人相都称为相

伏羲氏当年由于没有文字，不得已一画开天，用“象”来表示一切。《系辞下传》说：“《易》者，象也。象也者，像也。”《系辞上传》也指出：“吉凶者，失得之象也。悔吝者，忧虞之象也。变化者，进退之象也。刚柔者，昼夜之象也。”后人因而十分喜欢看象：天有天象，现代称为天文学；人有人相，发展为人相学；地也有地象，现代叫作堪舆学。

清朝曾国藩，便是以人相学出名，左宗棠钦佩之至，曾上奏朝廷，希望最好能下令所有官员都学习相人术，以免看走眼、用错人。领导者的首要任务在知人善任，倘若能够深知相人术的玄妙，知人并且善任，那么他对社会的贡献必然非常大。

手相的发展史，无论中外，都相当悠久。手相既能判定先天的命，也能看出后天的运势。其中，感情、智能、生命是三大主轴，最好综合分析，左、右手对照着看，将会更为完整。而且手相的变化很快，可以借由心念改变自己的手相，以求改运。

说到风水，更是全世界都关注的学问。虽然名目不同，内涵也不一样，但是人们对于居住环境的空气、水质、噪音、交通、安全性、坐落方向、附近是否有高压电线等问题，都十分重视。我国的堪舆，特别重视青龙、白虎、朱雀、玄武四神的相应。东方青龙，表示太阳上升；西方白虎，象征交通频繁；南方朱雀，意味阳光普照着广阔的原野；北方玄武，有阻挡寒气的功能，使人不受风寒的侵袭。坐北朝南，后有高山，前面是广阔原野，东有清澈流水，西为畅通大道，构成的良好居家环境，当然是既方便又安全，被称为“好地理”。

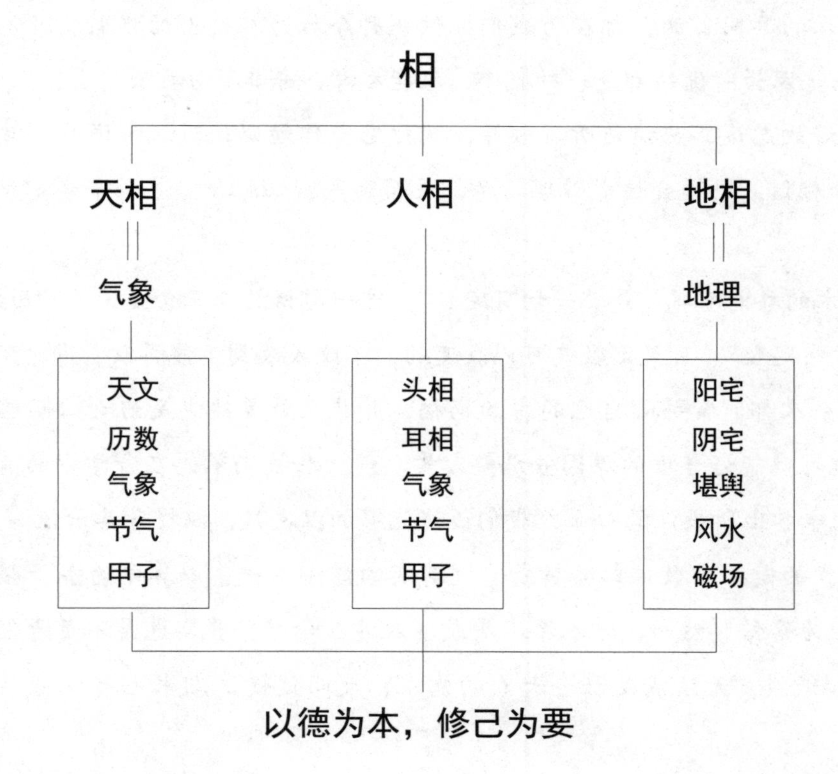
相
天相
人相
地相
气象
地理
天文
历数
气象
节气
甲子
头相
耳相
气象
节气
甲子
阳宅
阴宅
堪舆
风水
磁场
以德为本，修己为要

我们的建议

（一）五术的共同目的，都在为我们提供一种今后为人处世的指引。既不可尽信，也不必完全不信。因为所说的都是一种概率，仅能参考，并非百分之百可靠。

（二）最好的态度，应该是听得顺耳，就把它当作勉励；听起来逆耳，就把它当作忠告。倘若十分相信，恐怕会造成心理暗示，反而容易密切配合，导致事事都符合预测，未必有利。

（三）五术的共同基础，是“一切有定数”。这一句话的真正含义，是“历经种种变量，最后出现的才叫定数”。可见定数是可以改变的，不改或改到不能再改，即为定数。

（四）每个人都非常关心自己的吉凶祸福，并非只是单纯满足好奇心而已，倘若能够预先知晓，就可以想好合理的原因并调整方案。现代科技尚不能在命学方面有所贡献，所以历代先贤在命学上所投注的心血，我们最好能够加以发扬，以提升其价值。

（五）不幸的是，少数信口雌黄或言过其实的江湖术士，以算命为幌子骗财骗色。这才使命理被贬为迷信。然而，学术界不屑或不敢涉及命学，其实也是不负责任的表现。但求自保，力加诋毁，无法满足社会大众的需求，反而促使江湖术士有机可乘，更加不求上进。

（六）最有效的途径，是提高自己的品德修养，先以德为本，然后再来研究五术。同时，也要提高警觉，明白若是乱用、误用或滥用五术，结果将会自招凶祸。这种因果，历来都十分灵验。

第四章 现代人如何看待五术？

山、医、命、卜、相，术不同、理相同，
世间万物有不同的象，但都是一炁所化成。

一般人认为“术”很高明，却不知“道”更玄妙，
必须以“道”御“术”，才能贯通精妙，掌握要领。

现代人能动不能静，最好是先静下来，
对“气”做深一层的认识，明辨“气”和“炁”的不同。

仁心仁术，是医德的表现，当然是良医。
能算别人的命，是不是可以先算算自己的命，结果如何？

倘能早日明白大道的玄妙，占卜自精。
五术都由道产生，必须遵道而行才合理。

一切不外乎天人感应，以守正、守德为要，
必须自己坚持正道、合乎天道，才能吉无不利。

一、山河大地莫非有形之势

自古以来，我们便明白“形势比人强”的道理，时常感叹：“人在屋檐下，不得不低头。”表明外界的环境，对我们的确有很大的影响；但是，我们也不可能是“环境决定论”的支持者，不主张向环境低头而放弃自己的理想，这不是矛盾，而是“一阴一阳之谓道”的具体表现。

人要修炼，最要紧的是呼吸。我们总以为呼吸人人皆会，实际上其中的道理非常深奥，值得我们好好钻研，以明其究竟。呼吸以“气”为主，通过呼吸形态的改变，来转换气的形态。唐代道士施肩吾指出：“天人同一气，彼此感而通。阳自空中来，抱我主人翁。”

古人看到山有枯荣峻隘，河有弯曲盈滞，发现万物形象虽有不同，莫非一炁所化，于是日月山河，都成为修炼的良好助缘。现代人对山河大地，大多是采取敌对态度，也可以说是破坏的，只想改变它、征服它，却不知道顺应它来促进自己的健康、增长自己的寿命。

我们最好先静下心来，对“气”做深一层的认识。从口鼻呼吸的有形之气，也就是后天气着手，把吐纳的过程把握好，再进一步认识无形的先天炁。这样，凭自己的感觉，就可以辨别、抉择并且利用外界环境的气场，来配合自己的气的转化，达到保健养生、减缓老化的真实效果。

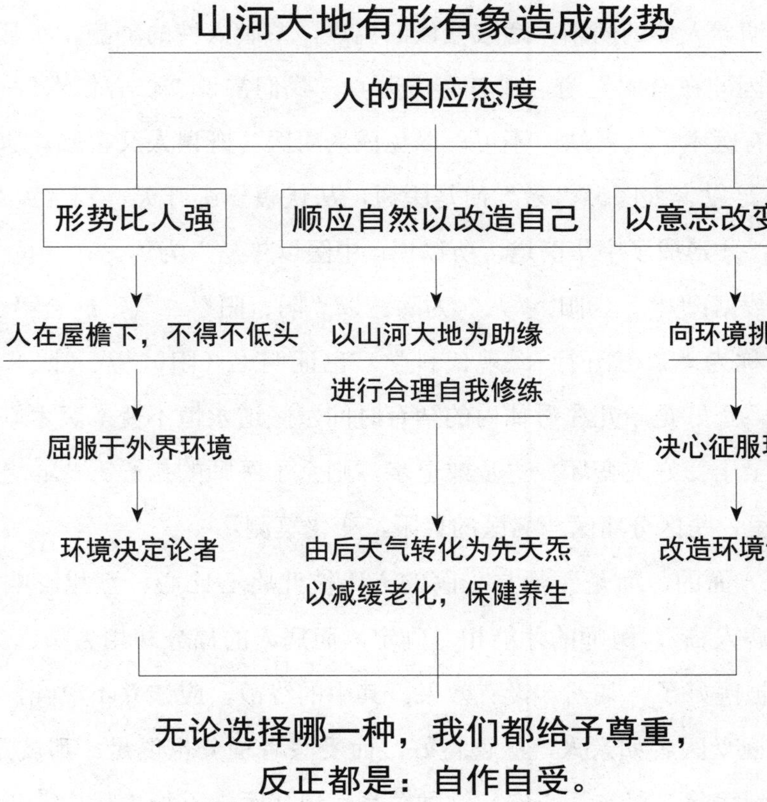

山河大地有形有象造成形势

人的因应态度

- 形势比人强
  - 人在屋檐下，不得不低头
  - 屈服于外界环境
  - 环境决定论者
- 顺应自然以改造自己
  - 以山河大地为助缘
  - 进行合理自我修练
  - 由后天气转化为先天炁
  - 以减缓老化，保健养生
- 以意志改变环境
  - 向环境挑战
  - 决心征服环境
  - 改造环境论者

无论选择哪一种，我们都给予尊重，
反正都是：自作自受。

二、名医庸医在于医德不同

医的主旨，在调养人体的阴阳，适应气候的温燥，节制人性的动静。医师众多，却是名医难觅，主要原因即在有术无道，或者有道无心。我们常说“仁心仁术”，意思是有医道、有医心，还要有医术，三者缺一不可，以免成为庸医，既误人又害己。唐代名医孙思邈说：“不知易，不足以言太医。”“易”便是医道，从伏羲一画开天，到《黄帝内经》，历经漫长岁月的钻研，才形成了中华医道，所以说：中医以“易”为体。在《黄帝内经》中，有“女七男八”的数据：“七”为阳，“八”为阴。以“阴、阳”二气，配合“金、木、水、火、土”五行，则称为“二气五行”。现代科学，也证明七（阳）、八（阴）、五（五行）的乘积为二百八十，正好是胎儿在母体内的孕育时间。医道永恒不变，医术则随着时代的变迁而有所不同。至于变好或变坏，进步或退步，则系于医师的仁心。一心之用，虽然差之毫厘，却失之千里，是区分庸医与名医的界限，变化莫测。

医心并不是单方面的，而是医师与受医的人，彼此将心比心、互相影响的结果。我们常说“医生才，病人福”，医师的才能相对确定，而病人的福分却相去颇远。同样的病，同样的药材，某甲被医好了，某乙却没有效果。其中的缘故，应该并不单纯，而且相当复杂多变。倘若医师视受医者如亲人，医德良好，而受医者福分也俱足，那就是天人相合，有如神助，当然药到病除，双方都心安。这种关系，现代医学不如古代中医重视，我们却不能因此而将其视为迷信。凡以仁慈为念，便能心同此理，不证自明。

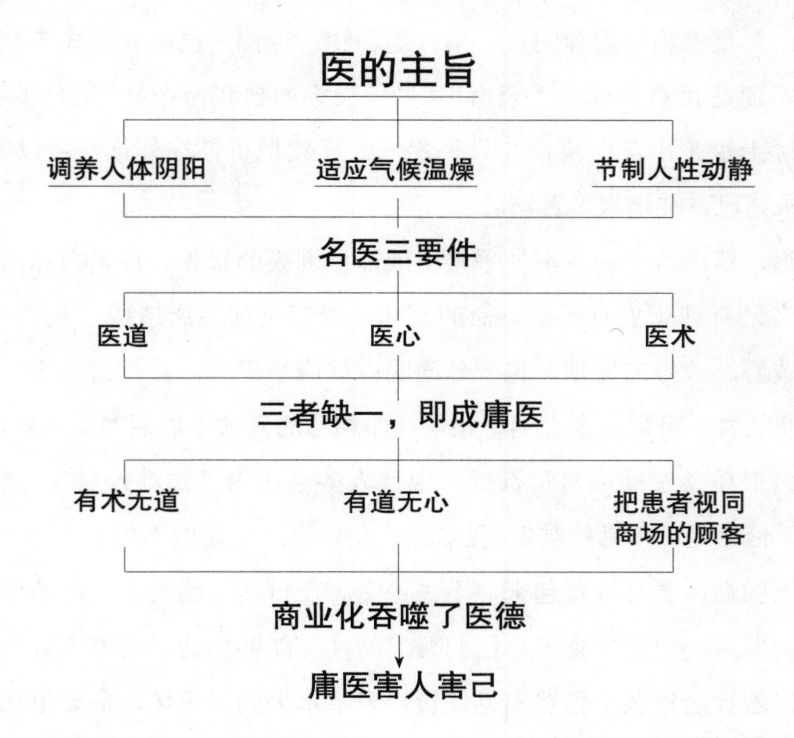
医的主旨
调养人体阴阳
适应气候温燥
节制人性动静
名医三要件
医道
医心
医术
三者缺一，即成庸医
有术无道
有道无心
把患者视同
商场的顾客
商业化吞噬了医德
庸医害人害己

三、反观用心自能改变命运

人一生下来，就有一条命。这条命在短短百年期间，想做些什么都是由自己在生前就已经做好计划，甚至于相关配套的人、事、地、物，也都早已一并考虑齐全。这种先天带来的人生规划，便是我们常说的“天命”（先天设定的自我命令）。我们要不要加以改变，怎么改变，实际上也是由自己决定。只是我们太喜欢把责任往外推，所以常常怨天尤人，不能安静地反求诸己，徒增很多苦恼。

我们也知道，落土八字命，不外乎累世或前世因果的累积。说是自己所决定，实际上牵涉的因素太多，有理想更有无奈。命的好坏，既然是前生所造成，我们今生所能做的，便是尽力把命改好。改好的原则，也十分简明：欲成富贵者，必行富贵事。方法是：能施则能富，能舍便能贵。可惜很多人偏不相信，而相信的人又不能躬亲实践，以致日夜盼望，求神拜佛，始终愿望落空而离富贵甚远。现代人多半认为“知难行易”，然而，改变命运似乎刚好相反，恰恰是“知易行难”。我知道，我知道，只是做不到！

把自己原来的命，暂且搁置起来，不去论它。在日常生活当中，能施便施，并不限于金钱财货；能舍即舍，主要在舍弃自己的恶习陋性。能够如此，自然不好的变好，原本好的变得更好。倘若行之日久，仍然未见好转，表示本来的命很坏，需要更加努力施舍，才能收到效果。这样反观自己，用心调整自己的心态，应该可以改变命运。自己的命运自己造，自己的命运自己改，这才符合“自作自受”的定律。

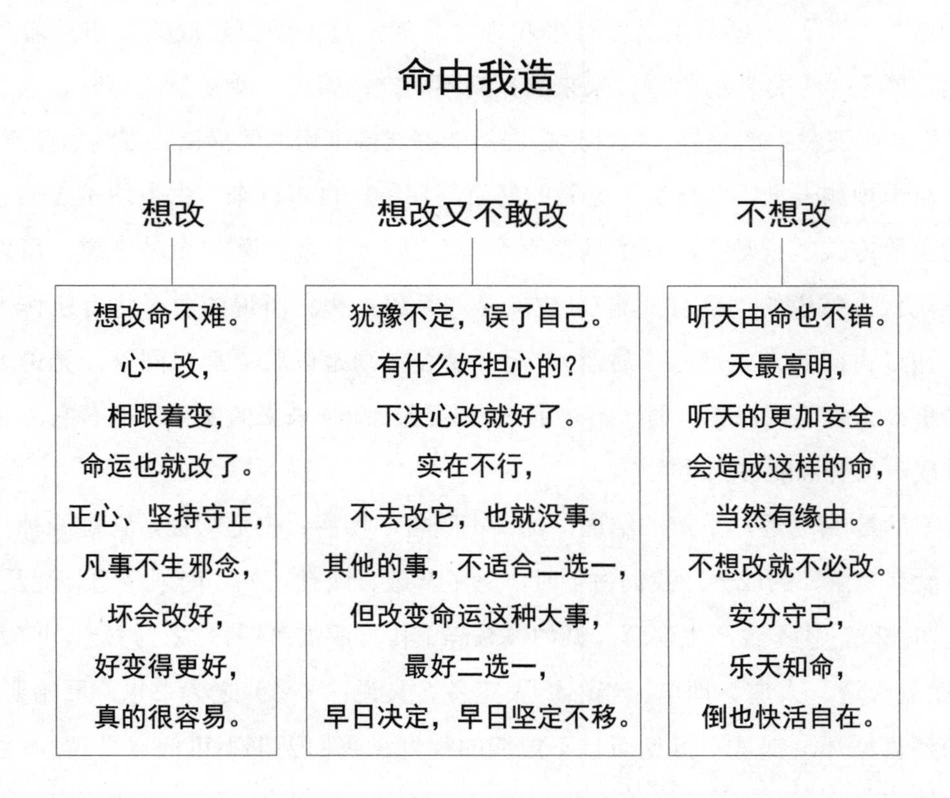
命由我造
想改
想改又不敢改
不想改
想改命不难。
心一改，
相跟着变，
命运也就改了。
正心、坚持守正，
凡事不生邪念，
坏会改好，
好变得更好，
真的很容易。
犹豫不定，误了自己。
有什么好担心的？
下决心改就好了。
实在不行，
不去改它，也就没事。
其他的事，不适合二选一，
但改变命运这种大事，
最好二选一，
早日决定，早日坚定不移。
听天由命也不错。
天最高明，
听天的更加安全。
会造成这样的命，
当然有缘由。
不想改就不必改。
安分守己，
乐天知命，
倒也快活自在。

四、知大道玄妙则占卜自精

我们活在当下，意思是生活在过去和未来之间。过去的已经成为往事，而且不可能重新来过，属于“不易”的部分；未来的充满不确定，属于“变易”的部分。现在可以说是“不易”和“变易”的交界。缅怀过去固然能够展望未来，但祸福、吉凶毕竟变幻莫测，使得我们对于预测未来，更充满了无限的好奇与期待。自古以来，占卜便是人们预测前途和命运的主要方式，只是手段和工具有所不同而已。《中庸》说：“至诚之道，可以前知。”前知便是现代人常说的“事前预测”，也就是《系辞上传》所说的君子将有所作为、有所行动时，通过占问的方式询问《易经》，而《易经》则是以卦爻辞来回答。无论远近，无论所求之事多么幽隐或深奥，君子终能通过《易经》知晓未来的变化。倘若它不是天下最精深的道理，又有谁能够如此呢？

最重要的是：《易经》卜筮的结语，都离不开吉凶悔吝、安危祸福，它是一种“质”的警示，并没有“量”的成分。我们占卜时，除了恭敬、诚意之外，尚须精通卦爻及彖、象、系传的密切关联，才不致产生误解。诚如《系辞下传》所说：“《易》之为书也，广大悉备。”《易经》涵盖天道、人道、地道，当然广大完备。又说：“《易》之为书也，原始要终。”万事万物的盛衰循环，都是不可见而且不定期的往复。我们无事不可问《易经》，它所指示的，是一种方向，至于“量”的多少，必须自己努力。所以占卜所得到的答案，无非“大致如此”，千万不要“铁口直断”，以免害人害己。现代称为“周期性变化”，只要一念至诚，其实无须占卜，也能洞察无碍。

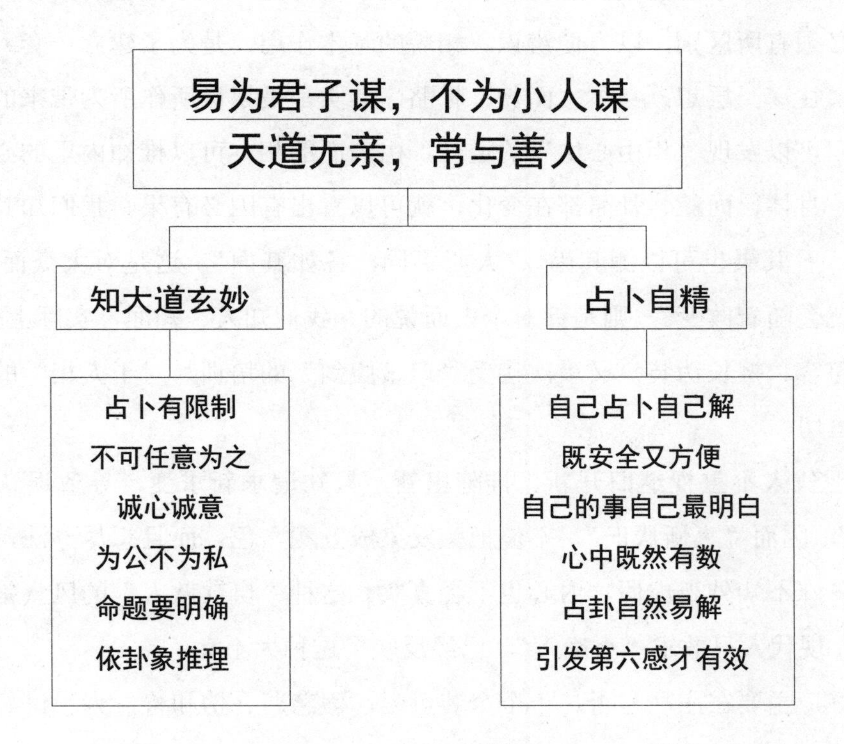
易为君子谋，不为小人谋
天道无亲，常与善人
知大道玄妙
占卜自精
占卜有限制
不可任意为之
诚心诚意
为公不为私
命题要明确
依卦象推理
自己占卜自己解
既安全又方便
自己的事自己最明白
心中既然有数
占卦自然易解
引发第六感才有效

五、相好庄严恶由我心而生

我们生而为人，不可能没有躯体，否则便是游魂野鬼，根本无法有所作为。人既然有头有脸，就必须有所区别，以方便辨识。相貌的基本作用，是为了建立一套人世间的识别系统。但是，往深一层想，身体、面貌、骨骼，其实都是累世所作所为带来的结果。依据长久的统计，可以发现“相由心生”的道理，由表面的相，可以推知内里的心。我们从人短暂的一生，身体、面貌、骨骼都在变化，就可以看出有因必有果。我们知其因就能测其果，反过来，看其果也可以测其因。“人心不同，各如其面”，这是对大众而言；“人的心一变，面相就会随着改变”，则是针对个人而说的。我们知人、知面，实际上是为了知心。现代人喜欢整容、擅长伪装，又屡次接受“口蜜腹剑”的培训，对于人相学的需求，似乎比往昔更为迫切。

但是，现代人不重视继旧开新、推陈出新，只知道求新求变，导致误认为“凡是新的便是好的”，因而“喜新厌旧”。不但把头发染成五颜六色，而且想尽办法，把自己整得“面目全非”。殊不知外表虚假，内心也不会真实。这种“自欺欺人”的风气弥漫全球，实在是大不幸！现代人只敢求“小确幸”，已经反映了这种大不幸。

相好不好，主要在庄严与否。一个个装可爱、假慈悲、伪和善，为了讨好众人而丧失庄严，似乎成为现代人的通病。人身难得，何必扮禽兽？表面好看，内心丑陋，根本就是欺骗自己。今生的相，大多是为了配合这辈子所必须完成的任务。能有这般见识，自然就会先接受自己，然后再求修心改相。

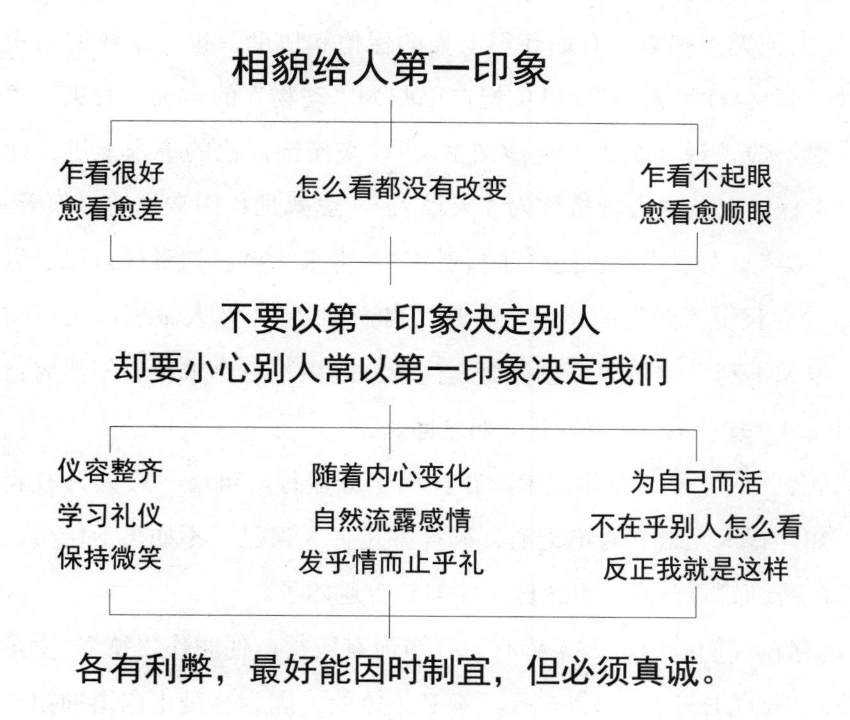
相貌给人第一印象
乍看很好
愈看愈差
怎么看都没有改变
乍看不起眼
愈看愈顺眼
不要以第一印象决定别人
却要小心别人常以第一印象决定我们
仪容整齐
学习礼仪
保持微笑
随着内心变化
自然流露感情
发乎情而止乎礼
为自己而活
不在乎别人怎么看
反正我就是这样
各有利弊，最好能因时制宜，但必须真诚。

六、自天佑之方能吉无不利

大有卦（䷍）上九爻辞：“自天佑之，吉无不利。”“自”代表我们自己，“天”即是大自然。“自天”象征天人感应，有如获得上天的保佑和协助，也就是我们常说的“如有神助”。我们最好不要自称“人类”，以免把自己归为“动物”的一类，丧失了“人为万物之灵”的尊严。更不应该说什么“人类沙文主义”，来掩饰自己的不求上进。能够善尽“赞天地之化育”责任的人，才有资格称为“天地人”，也就是我们常说的“顶天立地”的人，而不仅仅是“人类”。先求“自己的肚子自己饱”，再来“自己的责任自己了”，完成“自”的功夫，自然就会获得“天”的感应，于是“自天佑之”，做人做事，无不圆通合理，如有神助。而“吉无不利”的效果，也会随之呈现。既用不着企求，也不能够自夸其功、自恃其能。否则一旦“泰”极，“否”就会随之而来。

“山、医、命、卜、相”合称五术，在民间十分盛行，可惜一般人只看到表面，便苦苦追求。殊不知，有术无道和有道无心，同样都是害人误己。不如再上层楼，明白大道的玄妙，则其术自精、其心自通，也就自然能够趋吉避凶了。

“道”永远存在我们心中，人人皆有。行道而有所得，便叫作“德”。道是完整不可分的，德则是分而不全的。所以一言一行，都必须慎始。因为德是走向道的第一步，倘若有些许差错，后果很可能不堪设想。为了减少后悔，不如事先详加思虑。凡事预则立，现代人盲目追求快乐，相当于豫卦（䷏）上六爻“冥豫在上”，整日昏天暗地放纵行乐，当然不可能长久。

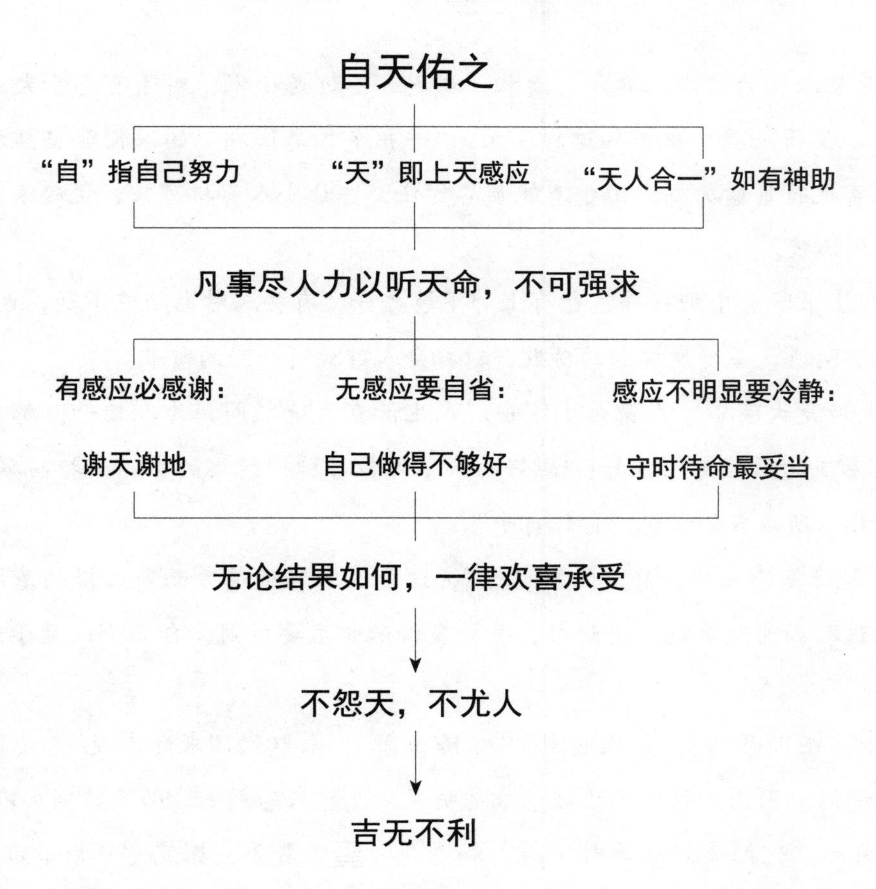
自天佑之
“自”指自己努力
“天”即上天感应
“天人合一”如有神助
凡事尽人力以听天命，不可强求
有感应必感谢：
谢天谢地
无感应要自省：
自己做得不够好
感应不明显要冷静：
守时待命最妥当
无论结果如何，一律欢喜承受
不怨天，不尤人
吉无不利

我们的建议

（一）有些人认为占卜、算命、看相、堪舆，不过是小术，对于有志于大道的君子来说，根本就不值得一提。殊不知这样一来，“一招半式走江湖”的人便会日益增多，对社会造成的危害也将日愈加剧。由于不能善尽责任，才让小人有机可乘，说起来，君子也应该为此而感到愧疚。

（二）人生来既有个别差异，也有上智下愚之分。有些人对术深信不疑，也用心追究。其实只要能够明道，正确发挥术的功效，对社会人群就有一定的贡献。

（三）天地是大宇宙，人身是小宇宙。人生活在天地之间，为人处世，都应该心存善念。因为从感应的原理可以推知：“想好的事，可招善神；想坏的事，必招阴鬼。”凡事好坏，莫非自招，所以我们常说“自作自受”。

（四）“闲谈莫论人非，静坐常思己过”，这是人人在道德方面所必修的基础课程。为什么要思己过？因为改毛病、去陋习，是自我修治的主要原则。自天子以至于庶人，莫不如此！

（五）以“继旧开新”“革故鼎新”“推陈出新”，来取代“求新求变”，是现代人需要思考的核心课题。因为种种弊病已经愈来愈明显，也愈来愈严重，必须特别加以警惕。

（六）因此，我们最好从革卦（䷰）和鼎卦（䷱）着手，探究“革故鼎新”的道理，以期尽早恢复古圣先贤所揭示“持经达变”的道理，扭转现代所流行的“求新求变”风气，以免造成严重后患。

第五章 为什么利不百不变法？

古训有云:“利不百不变法”,
因为关系到国脉民命，实在非同小可!

孔子当年不倡导革命，但求拨乱反正;
孟子由于时机成熟，才主张当革而革，不失时。

革卦(䷰)彖辞:“革之时大矣哉!”
当革才革，不当革千万不可革，时机非常重要。

革命是非常事业，非不得已不能为，
变化必须有百利才为之，同样不可乱为。

革故鼎新，说起来容易，做起来必须相当谨慎，
因为旧的缺失易明，而新的弊病未发，十分难知。

历代变法之所以败多成少，值得深入研讨，
说起来都是意见太多，人多嘴杂才导致好事变坏。

一、水井污浊必须清淘变革

《序卦传》说："井道不可不革，故受之以革。"井田制度从殷周时代便开始成形，以八家为一井，将一块土地划分为九区，二纵二横四条道路贯穿其间，形成"井"字形。周围八区，分别由八家各自耕作；中央为公田，则由这八家合力耕作，以为课税之用。"八"表示分开，而"九"象征长久。中央设置一口井，使九个区域都能长久受益。井中的水，倘若经常取用，应该是用不尽的。但是井中的东西，长期无法受到阳光照射，空气又不够流通，势必腐烂败坏，因此必须加以清理，使井水由污浊恢复清澈，才能继续取用。"革"的意思便是汰旧换新，所以井卦（䷯）之后，即为革卦（䷰），提示大家必须做到《大学》所说："苟日新，日日新，又日新。"然而，值得我们深思的，是这个"新"字，究竟是什么意思？把井水抽光，然后注入新水吗？新注入的水，一定胜过原先井中的旧水吗？井水源源不绝，又怎么抽得光呢？就算真的抽光，能保证获得清澈的水吗？

井水原本清澈，为什么变得污浊？主要的原因，并不在水，而在于使水污浊的那些腐烂败坏的东西。倘若不能加以清除，即使把井水抽光，也不能解决井水污浊的问题。现代人一味求新，认为凡是新的必然胜过旧的，这便是不明白革道的根本所在，也就是忽略了《易经》所说的"变中之常"，既超越时空，便无所谓新旧。现代人只看到"变易之易"，却忘掉了还有"不易之易"，因此看偏了、想歪了，才断定一切旧的都不如新的。

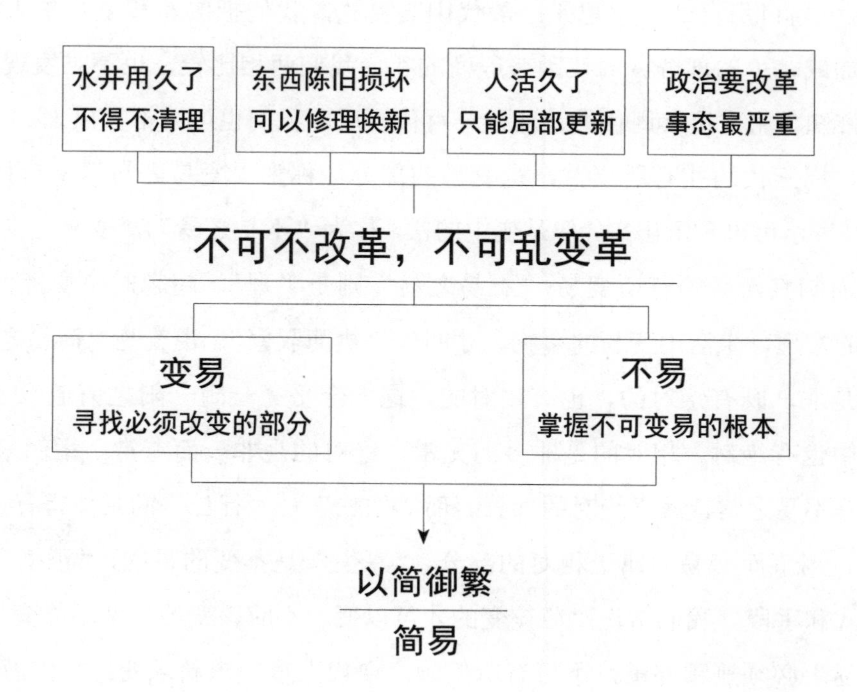
水井用久了
不得不清理
东西陈旧损坏
可以修理换新
人活久了
只能局部更新
政治要改革
事态最严重
不可不改革，不可乱变革
变易
寻找必须改变的部分
不易
掌握不可变易的根本
以简御繁
简易

二、变革必须掌握变中之常

《论语·为政篇》记载："殷因于夏礼，所损益可知也。周因于殷礼，所损益可知也。其或继周者，虽百世可知。"意思是：殷代因袭夏礼，我们把殷礼和夏礼拿来比较，可以找出其中增加或减少的部分。周代因袭殷商的礼，我们两相比较，也不难发现其中增减的部分。由此推知，将来接续周代的，即使一百代以后，我们也可以推算出来。

夏、商、周三代的礼有所损益，是变易的部分，称为"变易之易"。一百代以后的变化，孔子当时表示可以预测出来，便是变中的常，称为"不易之易"。"变易之易"是"用"，因时空质能而制宜，必须有所变易；"不易之易"则是"理"，超越时空质能，恒久不变。我们以不易的常理，来活用变易的事物，才叫作"执简驭繁"，也就是"简易之易"。

世间的是非，既有绝对的，也有相对的，这才合乎"一阴一阳之谓道"。绝对中有相对，而相对中也有绝对。相对的是非多而无常，绝对的是非一而有常。举例来说："知仁"和"行仁"是不易之常，属于绝对的部分。而"知仁"与"行仁"的具体言行，则会因时、因地、因人、因事而变易，属于相对的部分。"厚生"是不变的目的，"正德""利用"却是变易的方式和手段。我们常说："应该变的才可以变，不应该变的当然不能变"，便是"变易"与"不易"必须兼顾并重，不可有所偏颇。现代人重视求新求变，显然忽略了变中不易的常则，导致社会秩序失常、气候失常、人际关系失常，便是十分严重的后遗症。

持经达变	vs	求新求变
先掌握住不易， 再来合理变易。 所有变化都有脉络可循， 所以一百代以后的事情， 也可以推测而知。 这是圆周式思维， 周而复始、循环不已， 生生不息的原动力即在此。		但知变易， 不重不易， 这样一直变下去， 根本就没有脉络可循。 不但难以推测未来变化， 而且容易造成不连续的后果。 这是直线型思路， 所呈现出来的特色。

三、原则不变而方式则可变

哲学家说："本体不变，而现象万变。"现象，就是物所表现出来的形象，千变万化，确实是难以掌握的无常；本体，则是现象背后某些看不见的本质，是永久不变的，只是我们一直到现代，仍然无法确切地指出是什么东西。老子当年不得不用"道"来表示，到现在依然是最佳的答案。道体不变而道用万变。老子更进一步，将体用合在一起，尤其切合易学的精神。原来本体和现象，也是二而一、一而二，或者说是一而二、二而一的。于是，我们又说明了道学的高明之处。

用最简易的话来说：生活法则不变，而生活方式可变。如果说"民主"是一种生活方式，便不应该要求全球统一，必须容许因地制宜。它的生活法则，可以说是"民贵""民本"。所以"民贵""民本"不可变，而"民主"的方式，则可以多变。推而广之，以人为本、以民为贵，才是公理。至于"民主""法治""自由""人权"，则应该因时、因地而制宜，不可以全球一致。

科学无国界，可以全球通用，然而如何应用科学，东西方依然有不一样的思路。西方所发展出来的硬件软件，中华民族不可能将它全盘输入，诸如互联网络、手机软件、智能家居等等，以及由知识产权所衍生出来的社会关系，我们都必须用心加以筛选、调整、改变，秉持"我们不能离开科技，但是依照现代的科技应用方法，我们终将死于科技"的不变原则与态度，谨慎对待。如此，才不致辜负先圣先贤的苦心启示，足以担负起"人为万物之灵"的神圣责任。

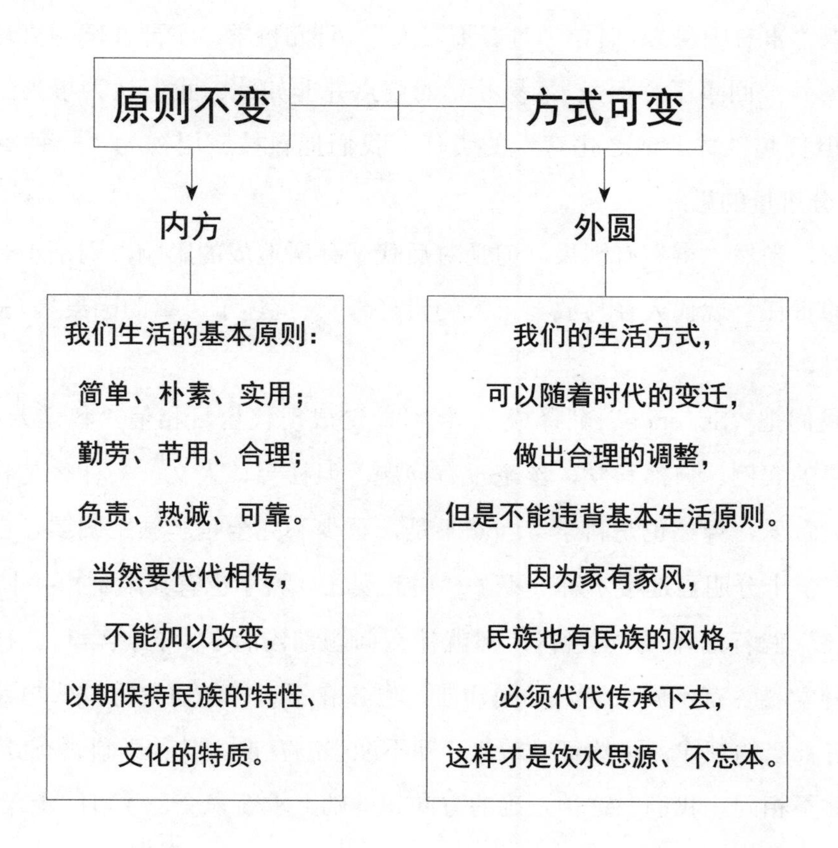
原则不变
方式可变
内方
外圆
我们生活的基本原则：
简单、朴素、实用；
勤劳、节用、合理；
负责、热诚、可靠。
当然要代代相传，
不能加以改变，
以期保持民族的特性、
文化的特质。
我们的生活方式，
可以随着时代的变迁，
做出合理的调整，
但是不能违背基本生活原则。
因为家有家风，
民族也有民族的风格，
必须代代传承下去，
这样才是饮水思源、不忘本。

四、事有因果但是人有责任

科学讲求“事有因果”，倡导“对事不对人”。研究科学，主要在阐明真理，至于有什么用途就是另外一回事了。但是，《易经》的观点并非如此。我们认为事当然有因果，但是人更应该担负起“赞天地之化育”的责任。我们把科技应用视为“一种重大的社会责任”，便是十分可贵的思路。

革故鼎新，当然“事”有因果，但是对后代子孙所造成的影响，则是十分明显的应该属于“人”的责任。现代人轻易放弃“人的责任”，只沉迷于“事的因果”，试问：这样还像个“人”吗？

当初，我们把“Science”翻译成“科学”，造成现代盲目相信“科学万能”的错觉，便是最为明显的案例。自然科学，丝毫没有问题。但社会、人文，为什么是科学呢？难道体育、美术、音乐、舞蹈也是科学？当然不是，至少不完全是。领土归属、自由民主的问题，只依靠科学十分明显地根本解决不了。由此观之，科学也有其限制，并非万能。

“Science”倘若翻译成“学科”，那就什么问题都没有了。自然学科、社学学科、人文学科，各种学科各有不同内涵、不同功能，也各有不一样的研究方法。自然有自然的规律，社会也有社会的规律，虽然可以转化，却不能强制互换。各种学科，有其不同的因果，人的责任也并不相同。我们在这种正确的方向和基础上求新求变，才可能步入“持经达变”的正轨——有所变也有所不变，做到“以不变应万变”。

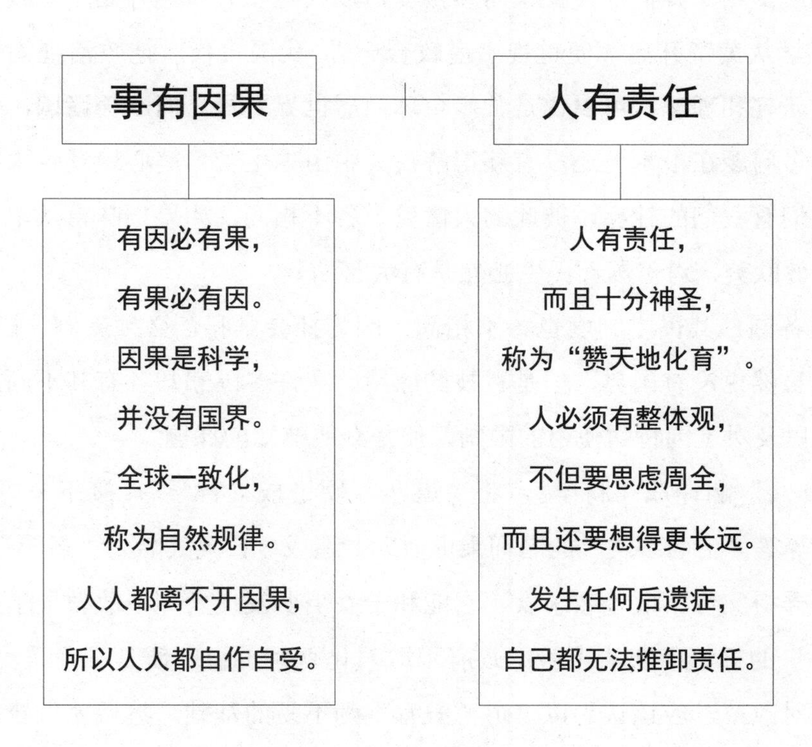
事有因果
人有责任
有因必有果，
有果必有因。
因果是科学，
并没有国界。
全球一致化，
称为自然规律。
人人都离不开因果，
所以人人都自作自受。
人有责任，
而且十分神圣，
称为“赞天地化育”。
人必须有整体观，
不但要思虑周全，
而且还要想得更长远。
发生任何后遗症，
自己都无法推卸责任。

五、改革政治不能仿效欧美

欧美的物质文明，我们已经在学习和接受，以致有些人，也开始主张政治西方化。殊不知，中华道学从黄帝开始，便重视“道政合一”。我国古代，把政治视为第一要务，对于政治道理的研究和理解，可以说是独步全球，居世界之冠。而欧美诸国，许多道理至今仍未想通，许多问题在根本上还没有获得解决。中山先生苦口婆心地劝告大家：欧美有欧美的社会，我们有我们的社会，彼此的人情风土各不相同，如果一味盲从附和，在改革政治方面完全仿效欧美，对于国计民生必然是有大害的！

何况欧美各国，其民主制度也各不相同。因为社会学科，必须受到“国度”的限制。科学的研究，虽然说没有国界，但是科技的应用，在许多国家却各有其不同的限制。同性结婚合法化，以及对于因特网使用的限制，便是众所熟知的课题。

把“Science”翻译成“科学”，将“道学”硬说成“哲学”，接下来“自由、平等、人权、民主”等等“虚而不实”的名词乘虚而入，造成今日美其名为“多元”，其实是“混杂”的社会。弄得父母不敢管教子女，只能和子女当朋友；老师不敢教导学生，以免被贴上“不识时务”的标签而灰头土脸；政府不敢教化百姓，否则便是不尊重民意。事实上，我们不可能反对改革，应该认为以“道德教育”为不易的基础，然后才来建立科学与民主的新文化。倘若不能以道德为最高信仰，便贸然鼓吹自由、民主、人权、法治，恐怕未受其利、先受其害。不但中国人做不成，现代人的理想也将形同泡影！

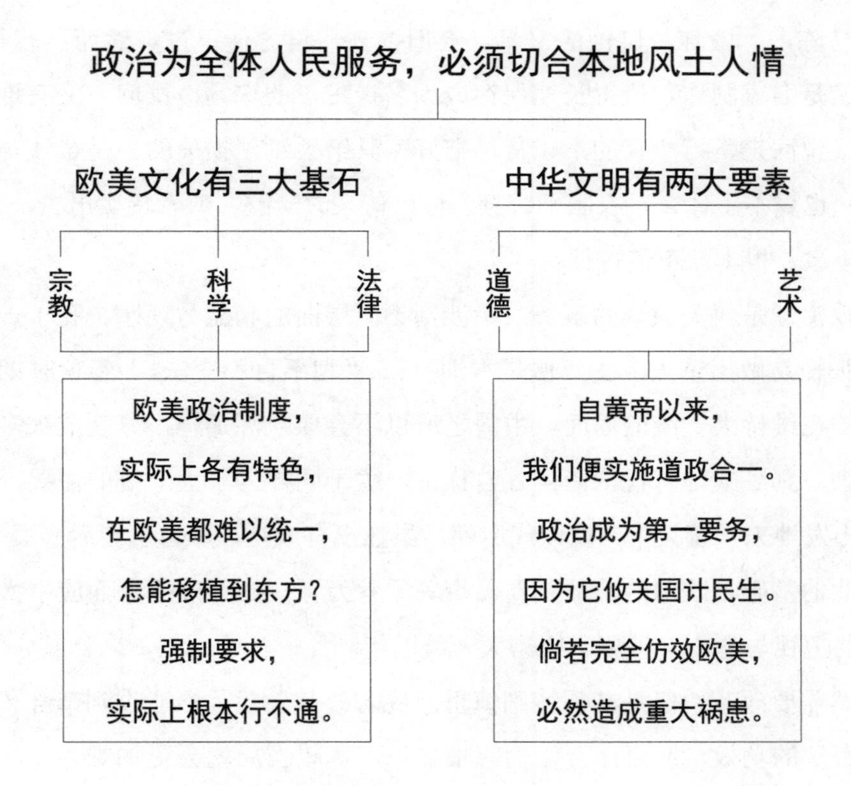
政治为全体人民服务，必须切合本地风土人情
欧美文化有三大基石
中华文明有两大要素
宗教
科学
法律
道德
艺术
欧美政治制度，
实际上各有特色，
在欧美都难以统一，
怎能移植到东方？
强制要求，
实际上根本行不通。
自黄帝以来，
我们便实施道政合一。
政治成为第一要务，
因为它攸关国计民生。
倘若完全仿效欧美，
必然造成重大祸患。

六、应该坚持利不百不变法

家具用旧了，换一套新的，这种思路十分普遍。因为大多数人，根本用不起名贵的家具。那些容易陈旧、毁坏、腐蚀的家具，弃旧换新，再方便不过。然而，若是材质珍贵、形式高雅，又是名家制作，值得长期保存成为名贵古董的家具，试问：又有谁愿意随便丢弃？不过话又说回来，万一真的不识货，把好家具给丢了，损失的只是金钱与物质，了不起叹息一番，也算不了什么！衣服不合身，可以请人改一改，或者转卖出去，称为二手货。诸如此类的小事，根本就不值得挂在心上。

然而，政治却是攸关大众的事务，牵涉到不同层面的利益与观感。孔子一直被视为保皇党，不主张轻易做出重大改变，便是古训有云："利不百不变法。"春秋时期孔子极力尊王，主要目的在维持大一统的局面。中国之所以不会像欧洲那样，分裂成很多小国，孔子的贡献非常大。到了战国时代，诸侯各自称王，孟子同样为了大一统的需要，一再鼓励齐宣王以齐为出发地来一统天下，以取代周朝。虽然没有成功，却也奠定后来秦始皇灭六国、完成统一大业的基础。政治的革故鼎新，事关千秋万世，必须顺乎天而应乎人。万万不能由于少数人的短视与野心，破坏了中华大一统的祖制。

政治当然需要改革，但是必须特别慎重。倘若改革之后，不能收到革卦（䷰）卦辞所说"元亨利贞"的功效，反而让百姓的怨恨加深，执政当局就会更加难为了。事前详加思虑，多方沙盘推演，以"悔亡"为目标，千万不要轻易尝试。当然，其他的创新事态并不像政治这样严重，但为了安全起见，也应该思虑得更长远、深入，使后患的发生率减到最低。

利不百不变法

虽然这是一句老话，却不可因为时代不同而改变。

孔子当年极力尊王，主要目的在维持大一统的局面，
先求稳住大局，再进行内部改革，是上上策。

政治当然需要改革，
但是必须特别慎重。

必须顺乎天而应乎人，万万不可由于私利与野心，
破坏了中华大一统的祖制，否则便是数典忘祖。

徒然成为现代人，却做不好中国人。

我们的建议

（一）政治并不是空谈理想就能做好的，必须与人民的性情习俗相洽相宜，才得以施行无碍。移植西方制度非但无效，而且往往可能造成难以修复的巨大伤害。

（二）天下并没有万能的药方，也没有万全的良法。举凡立宪、共和、专制、民权、国会等等构想，只要能够救国救民，都可以采用。然而，倘若不合国情，势必未得其利，反受其害。

（三）自有历史以来，我们就是大国众民，不像欧洲城市国家，可以经由“多数决”来处理政务。何况“阴卦多阳、阳卦多阴”，更启示我们“少数贤能，比多数更加高明”。我们重视贤能，远比重视多数意见为甚，也就是“从贤胜于从众”。

（四）“从众”实际上是一种无奈。大凡民智未开，大众的智力彼此相差不多，于是谁也不肯服从别人的意见，这时候只好采取“多数决”。除此之外，并无其他办法，可见这当然不是最好的方式。

（五）民主是可行的，但先决条件是必须有少数大家都信得过的贤明人士引导众人走出正确的方向。然而，贤明人士并非代代皆有，所以有盛有衰，关键系于“少数贤明”。

（六）革故鼎新，实在是门大学问。我们最好先把革卦（䷰）和鼎卦（䷱）这两个相综的卦，分别加以探讨。然后再把这两卦的相关卦象，一并加以讨论，寻找出其中的奥秘，以免由于一时的热情，淹没了理智，反而造成严重的后遗症。

第六章

革卦六爻说了些什么？

革卦（䷰）下火上泽，象征水火不容，
必须齐心协力，改革意志够坚强，才有成功的可能。

变革初期，不可妄动，否则必有凶险；
时机成熟，千万不可错过，以免造成悔憾。

倘若有勇无谋又刚愎自用，那就凶了！
唯有以诚变革，顺天命而行，才能获得吉祥。

若是变革的目的或行动，引来别人猜疑，
号召的力量就会降低，大家也会逐渐失去信心。

通常君子领导变革，目标十分明显，
小人只有在变革完成后，才会前来追随。

参与变革的人士，必须要有心理上的准备，
不可能没有阻碍，必然会有艰难与失败的风险。

一、时机未熟不宜轻举妄动

革卦（䷰）卦辞说："革，巳日乃孚，元亨利贞，悔亡。""巳日"居十二地支（子丑寅卯辰巳午未申酉戌亥）的第六位，象征变革必须把握时机。"巳日"处于离火的位置，即将由下离进入上兑。时机成熟，选择"巳日"此一最佳时机进行变革，必须取信于人，所以说"巳日乃孚"。然而，变革有如水火，新旧往往互相对立、不能兼容，以致引发激烈抗争，留下很多后遗症，常常令人后悔不已！必须秉持"元、亨、利、贞"的精神，动机纯正、方法有效、方式合宜，以诚正的心来取信于人，才能够预先防患，使悔恨消失。

初九爻辞："巩用黄牛之革。"小象说："巩用黄牛，不可以有为也。"六二阴爻属坤，《说卦传》指出"坤为牛"。"坤"为地为土，大多呈黄色。这里的"黄牛"即为六二。二在初的外层，象征初九虽然以刚健居阳位，又是革卦的始爻，相当于革命的先驱者，却由于六二以阴乘阳，初九与九四又不相应，像是有坚厚的黄牛皮将初九牢牢包裹住。"巩"是巩固的意思，在这里形容反对革命的旧势力，也就是"保守派巩固得像黄牛皮那样，使革命的力量难以伸张"。在这种情况下，又得不到九四的响应，表示时机尚未成熟，最好记取"潜龙勿用"的教训，不能够轻举妄动，所以说"不可以有为也"。初九爻变为咸卦（䷞），表示革命之初，必须提出正当的理由，告诉大众并非单为革除故旧，而是具有推陈出新、改变得更好的功效，使大众为之感动，成为顺天应人、适合大众需要的行动。换句话说，宣传工作要先做好，以团结人心，创造出良好的时机。

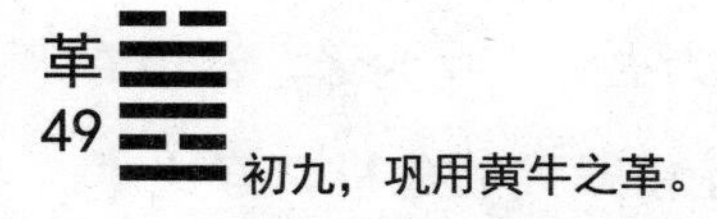

初九，巩用黄牛之革。

六二阴爻属坤为牛，这里所说的“黄牛”，即指六二。二在初的外层，象征初九虽然以刚健居阳位，又是革的始爻，相当于革命的先驱者，却由于六二以阴乘阳，初九与九四又不相应，有如坚厚的黄牛皮，将初九牢牢包裹住，表示反革命的旧势力很大，时机尚未成熟，不可轻举妄动。初九爻变为咸卦，表示革命之初，必须提出正当理由，使大众为之感动。也就是宣传工作要先做好，以团结人心。

时机尚未成熟，应多宣传，不可妄动。

二、不到非革不可之日不革

革卦（䷰）彖辞指出：“革，水火相息，二女同居，其志不相得，曰革。巳日乃孚，革而信之；文明以说，大亨以正；革而当，其悔乃亡。天地革而四时成，汤武革命，顺乎天而应乎人。革之时大矣哉！”革卦（䷰）下离为火、上兑为泽，泽中有水，所以水火相聚。由于火燃则水干，泽水决堤则火灭，因此有互相毁灭的危机。好比“二女同居”，下离为中女，上兑即少女，志向并不相合。既然不能同居，迟早有所变革。等待合适时机，可使大家信从，大家对变革就会有信心。下离为文明，上兑为喜悦，具有文明美德，又能使大家喜悦，自然大为亨通而走上正道。只要变革得正当，悔恨必将消亡。天地因为阴阳变化而成春夏秋冬四时，商汤放逐桀于南巢、武王征伐纣于牧野，都是上顺天意、下合民心的革命。由此看来，凡是变革都应该合乎时机，所以说“革之时大矣哉”。唯有等待时机成熟、坚持公正诚信，才能获得成功而不后悔。

六二爻辞：“巳日乃革之，征吉，无咎。”小象说：“巳日革之，行有嘉也。”六二当位又与九五相应，二、五均为中位，象征君臣有志一同，大有可为。“乃”的意思是不立即行动。因为六二阴柔，只能待九五明君号召，才能响应。倘若六二主动采取行动，可能会有咎。六二爻变为夬卦（䷪），表示以下伐上，必须顺天应人，非为叛逆，才能无咎。一般而言，上讨下为“征”，六二居下而应九五，合乎中道，也可称为“征”。由于行为值得嘉庆，所以吉祥。初九发难于前，六二正当可为之时，唯恐错失良机，因此特别以“征吉”一语加以勉励。

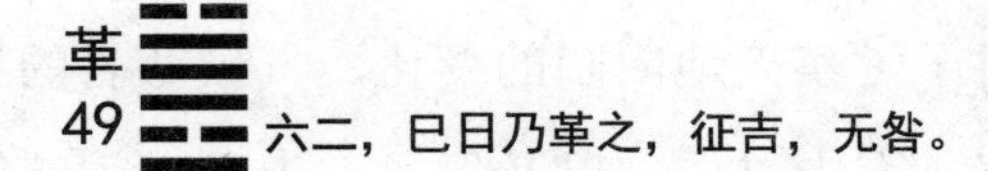

六二，巳日乃革之，征吉，无咎。

“巳日”意指最佳时机。六二既当位，又与九五相应。二为臣，五为君。君有变革之意，臣前往响应，君臣合志，往必见纳，大有可为，所向皆吉。六二柔弱，缺乏自革勇气，所以时机成熟，才能无咎。六二爻变为夬卦，表示以下伐上，必须顺天应人，非为叛逆，方可无咎。初九发难于前，六二正当有为之时，唯恐错失良机，因为特别以“征吉”一语加以勉励。

时机成熟，必须果敢前往，吉而无咎。

三、变革不宜过刚应多沟通

革卦（䷰）大象说：“泽中有火，革；君子以治历明时。”下离为火、为日；上兑为水、为泽。泽中有火，象征水旺则灭火，火旺则使水蒸发。两性相违，水火不相容；两情互消，水火不并存。这种变革的现象，使君子觉察天地阴阳的变化、气候寒暑的推移，于是修治历法，制定出一年四季、二十四节气、七十二候，以及每月三十日、闰年等周期。使天下百姓，能够遵循改变的秩序，明白交互变化的生生不息，免于穷灭，因而推演出合理的变革之道。

九三爻辞：“征凶，贞厉，革言三就，有孚。”小象说：“革言三就，又何之矣！”九三当位，象征刚健果决，处于上兑和下离的交界，表示变革正在进行中。革卦（䷰）离火在下而兑悦在上，兑悦成了离火变革的对象。“兑”为顺，上兑三爻都抱持悦顺的态度迎接九三。倘若九三再以敌对的心态对待上兑，当然“征凶”。“征”指以上伐下，“凶”即行而有所凶险。九三必须朝乾夕惕，保持乾卦九三的精神，才能免于凶危。但是变革之际，倘若怕生波折、墨守成规，必然积弊难除，也十分危厉。最好能够再三沟通，听取各方意见。“革言”便是有关变革的言论。“三”即九三、九四、九五三个阳爻，和上六合在一起看，仍然是一个兑卦（䷹）。“兑”为口舌，上六为兑口的两唇，九三与上六相应。九三、九四、九五经过多次讨论，产生共识，必能获得大众的信任，所以说“革言三就，有孚”。九三爻变为随卦（䷐），象征再三沟通、博采众议，当能使大众乐于追随，不必再往别处想了。

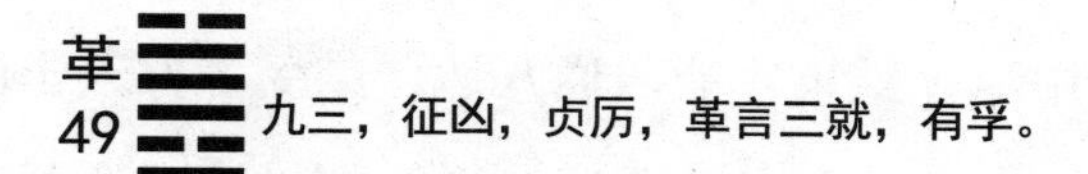

九三阳居阳位，处下离的极端，象征过于刚强。倘若以敌对的心态对待上兑，当然“征凶”。最好能够守持贞正，以防危厉。“三”指九三、九四、九三这三爻，和上六合起来看，仍然是兑卦，象征经过多次讨论，已经产生共识，必能获得大众的信任，所以说“革言三就，有孚”。九三爻变为随卦，象征再三沟通、博采众议，才能获得大众的乐于追随。

多沟通以建立共识，更能获得大众信任。

四、目标正确才能顺利成功

《序卦传》说："井道不可不革，故受之以革。"井道的要旨在革旧换新，也就是新陈代谢。"革"字的上部，看起来像"井"的样子；中间为"中"字，下部则是"十"字，象征革由井变来，但变革必须坚持中道，结果才能四通八达，广受各方人士的支持。水井养人，需要有纯净的水，然而时间一久，难免污浊，应该适时加以清理变革，以期保持养人的功能。所以井卦之后，接下来便是革卦。泽中有火，并不为水所灭，是一种反常的现象。倘若火不能胜水，那就不足以变革了。革卦（䷰）离火居下在于变，兑悦在上成于用。我们看完下离三爻，应该可以进入上兑三爻的阶段，才能完成革的大用。

九四爻辞："悔亡，有孚改命，吉。"小象说："改命之吉，信志也。"九四不当位，与初九也不相应，但因为靠近九五，能上承君意，并且居于阴位，无逼主之嫌，可以得到九五的信任。居于离上兑下，是一种水火更替、不变也不行的情境。由于下无应援，通常有悔。然而变革是冒险的行为，若是顺天应人，即使有可悔的事，只要采取适当方式，又是出于至诚，也能获得吉祥，所以"悔亡"，悔憾得以消亡。九四爻变为既济卦（䷾），正当水火相消、天人都思变的时候，只要意志坚强、百折不挠，当然可以完成"改命之吉"。九四和初九同样位于卦下，却因初九以刚居刚，不能刚柔并用；而九四以刚居柔，"知其雄而守其雌"，能够刚柔并用，所以"悔亡"。可见目标正大光明、时机良好，也应讲求有效的方法和合理的方式，才能顺利完成革道。

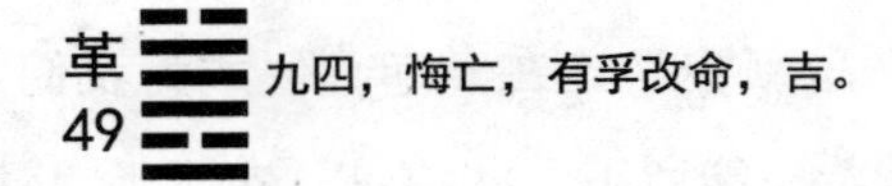

九四以刚居柔位，象征刚柔并济。即使与初九不相应，但由于时机成熟，便毅然从事变革，表示有志之士，但问“应当不应当”，并不顾虑外界“应”或“不应”。九四处离上兑下，应时而革弊兴利，所革妥当，所以“悔亡”。顺天应人，足以信孚于天，改变命运也能顺利吉祥。九四爻变为既济，象征条件良好、时机成熟，能够顺利获吉。

目标正大光明，必然“悔亡”而吉。

五、领导革命需要伟大人物

一个人若是“生无益于当时，死无闻于后世”，实在是枉来人世间走一遭。《杂卦传》说：“革，去故也。”如果和下一句“鼎，取新也”连在一起，便成为我们常说的“革故鼎新”。现代人热衷于求新求变，目的都是希望能留下一些痕迹。实际上“功没、过存”，成功的求新求变，未必能够留下好名声；有害无益的事物，往往流传得既广且久，这才值得大家警惕！必须“元亨利贞”才能“悔亡”。而要“元亨利贞”，最关键的则在于“巳日乃孚”。首先要孚于天下、孚于后世，天下、后世皆利，还要等待合适的时机。

九五爻辞：“大人虎变，未占有孚。”小象说：“大人虎变，其文炳也。”九五君位，在乾卦用“龙飞”，象征创业的天子。革卦是公卿变为侯王，或者侯王变成天子。同样是大人，却是由虎变成龙，所以称为“大人虎变”。九五当位，居上兑中爻，又是革卦卦主，当然有大人的形象。中华民族信奉天人合一，革命必须顺天应人。我们相信“大位天定，非由智取”，领导革命非大人不足以成事。原本如虎那般威严，一旦革命成功，登上龙座，虎纹也变得彪炳耀目、灿烂辉煌，令人心生喜悦。“文”即纹理，指虎皮的斑纹。“炳”为光亮显明，象征功业彪炳。龙虎都具有大人形象，令人信服。九五爻变为丰卦（䷶），表示大人发挥了大人的功能，不但革命成功，而且还知人善任。结果如何，当然用不着占卜就能知道，所以说“未占有孚”。有“虎”有“文”，象征武功文治兼顾并重，使人不见其凶残，而悦其文德，果然是大人得天位。

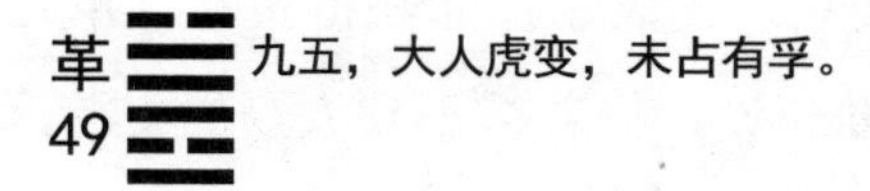

九五，大人虎变，未占有孚。

九五刚直中正，具有猛虎般的尊严威势。变革的方向和目的，有如虎身的斑纹，使大家既看得明白，也心中喜悦。不必占问，便知道能够取信于民。与六二相应，更显大人魅力，给人良好的印象。九五爻变成丰卦，象征九五发挥大人的功能，收获自然丰盛。有“虎”有“文”，表示文治武功并重，使人不见其凶残，而悦其文德。

变革的方向与目的显明，使大众乐于响应追随。

六、破坏之后必须积极建设

“革”有改变、革新、改正、改造、洗心革面等意思，但是光有“变”不足以言“革”。“孚”为诚信，是一种实际的表现，不能空口说白话，用以欺骗大众。我们说“求新求变”，不如说“求新求实”，也就是改变得有实利，使大家都能获得实益。革之前，大多是先破坏，这是大家所厌恶的；革之后，务必要建设，倘若得不到大众的支持，那就不好了！多数人都是短视的，只看到眼前的破坏，对日后的建设大多缺乏信心。孔子说：“民可使由之，不可使知之。”便是看到大多数人不明白“先破坏、后建设”的道理。必须由负责任的政府、明智的领导人，做出某些强制性的措施才能建设。最后的结果，必须大正、大通、大利，才能“元亨利贞”而“悔亡”。

上六爻辞：“君子豹变，小人革面，征凶，居贞吉。”小象说：“君子豹变，其文蔚也；小人革面，顺以从君也。”上六当位，居革卦的终爻，象征革命大功告成，九五大人已经“虎变”。于是各方人士纷纷热心表示欢迎。“龙虎”是神物，用以譬喻大人；“豹”并非神物，只能用来譬喻君子。至于一般民众，革除旧习迎接新制，那是“小人革面”。君子协助变革，有如豹从猛虎；小人迎合变革，未必表里一致。在这种情况下，情势虽然大好，仍然潜藏着巨大的危机，稍有不慎，旧势力便会卷土重来。“征凶”的警示，即在偃武修文，与民休息，不要再征伐了！大人居中守正，才能确保吉祥，所以说“居贞吉”。上六爻变为同人（䷌），象征对君子的协助给予感谢；对小人的迎合使其顺势，一视同仁就好。

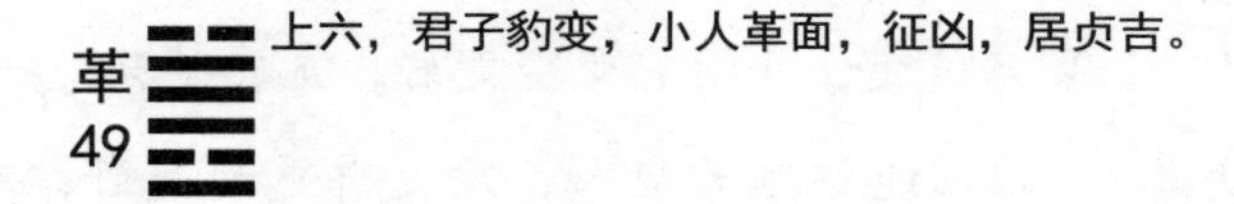

九五如虎，象征大人；上六似豹，仍有文才贤德，能守君子之道。至于一般小人，通常是在变革完成后，才会改变态度。大人是革命领袖，君子协助变革，有如豹从猛虎。其中掺杂着小人，他们很会见风使舵，此时若是过于急进，必有风险。上六爻变为同人，表示对君子的协助给予感谢，对小人的迎合使其顺势。静处守正，才能吉祥。

变革之后，接着就要休养生息。

我们的建议

（一）革（䷰）的要旨，在变不善为善、变不良为良。现代人盲目求新求变，并不可取。革的行动，从“不可以有为也”着手，因为它是非常的举措，不宜时常为之。

（二）“革”不仅仅是变，如果只是变，并没有变得更好，充其量只是一种“求新求变”的举动，不够资格称为“变革”。必须能够顺天应人，改变得更为美好，对大众有益，才叫作“革”。

（三）最大的“革”，即为“革命”。一方面改变现有领导者的命，一方面也改变从事革命人士的命。固然是“成者为王，败者为寇”，但是革命的过程中，务须“不以成败论英雄”，坚持光明正大的目标，等待时机成熟合适，而且方法还要有效可行，凡事皆以福国利民为重。

（四）最好的变革应该是变法，不求改朝换代，但求变法维新。然而兹事体大，利害所及，牵动国脉民命，必须十分慎重，非有绝对把握，不应轻易尝试。所以自古便有“利不百不变法”的警语，务必“元亨利贞”才能“悔亡”。

（五）革卦（䷰）离火在下、兑泽居上。由于水火本不兼容，若非火烧干水，即为水熄灭火。成败互见，必须革命者以文明自律，被革命者能心悦接受，才是“顺天应人”。然而衡量实际情况，通常各有盘算，因此非常艰难。

（六）最佳情况，莫过于贤明九五自己领导变法，又有贴近民意的六二全力配合。通过沟通，促使初九、九三、九四同心协力，然后上六“豹变”“革面”，必能顺利完成改革。

第七章 鼎卦六爻有哪些启示？

革故鼎新，并不是求新求变，
必须温故知新、继旧开新，才是合理。

一定要有道德高尚的人士来领导，
并且具备果断的决心，才能慎始又善终。

初六由革卦来，在大破坏之后先求稳定；
九二美德充实，守旧派虽有仇恨，终能吉祥。

九三指出革新内部有矛盾，必须加以调和；
九四象征革新分量过重，将受挫而致凶。

六五持中守正，是除旧布新最佳方针；
上九为除旧布新将成之时，必须温和施治。

下风上火，全卦有风助火势的气象，
千万不要抱薪救火，以免木愈多火势愈猛烈。

一、除旧布新才能去妄存真

鼎卦（䷱）的卦名为鼎。鼎是一种用于日常生活的器具，通常具有三足两耳，大小不一。由于三足鼎立最为稳定，所以用鼎卦来说明烹饪之道，告诉我们端正稳重必须发自内心，真实地呈现自然的言行举止，才能获得他人信任。

鼎卦卦辞说："鼎，元吉，亨。""鼎"为卦名，含有"烹饪器具"以及"革故鼎新"的双重意义。依全卦卦象来看：初六一阴有如鼎的三足；九二、九三、九四互卦为乾，象征鼎的腹部，是烹饪食物的容器；六五一阴为鼎的两耳；上九即为鼎盖。古人制鼎，并非专为君王所用。不是君王一人的吉物，而是全民都可以使用的吉物，所以说"元吉"。因为合乎天人之道，当然亨通。后来用作重要器具，仍有大通的效用。

初六爻辞："鼎颠趾，利出否，得妾以其子，无咎。"小象说："鼎颠趾，未悖也；利出否，以从贵也。""颠趾"指颠倒脚趾，表示鼎被颠倒过来。"否"为不善，"出否"便是倒出废旧的东西。初六以阴居阳，不堪承载重鼎，有颠覆之象，却有利于倒出不善的废旧物。这种歪打正着的现象，倘若用婚配来譬喻，有如古人娶得的并非正妻，而是小妾，但也一样会生孩子，所以说"得妾以其子"。妾的身份地位不如妻，如果所生的孩子贤能，也可能因子而贵，因此得以无咎。初六爻变为大有卦（䷍），表示这种"鼎颠趾"的现象，看似不好，却是为了全体大众着想，并非背离正道。"利出否"相当于除旧布新，只利于除掉旧有的废物，可以用的，仍然要保留下来。以鲜易腐、舍贱从贵，所以依然合理而无咎。

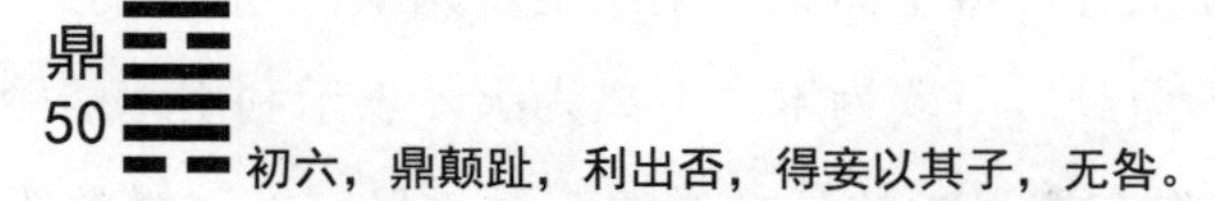

初六，鼎颠趾，利出否，得妾以其子，无咎。

初六阴爻为鼎足，以阴爻居阳位，象征位置颠倒，形成我们常说的“覆鼎”，有利于倾倒出鼎中的积秽。若以婚配为喻，有如娶得的并非正妻而是小妾，但也一样会生孩子。虽然妾的身份地位不如妻，倘若所生的孩子贤能，也可能因子而贵。初六爻变为大有，表示变革后的维新政治，首先要处置亡国旧臣，有贤能者仍须重用，不可猜忌其出身不正。“妾”比喻旧臣，“子”比喻贤能，因贱而致贵，所以无咎。

阴阳转化合宜，才能去妄存真。

二、鼎中食物充实不致有害

鼎卦（䷱）彖传说：“鼎，象也，以木巽火，亨饪也。圣人亨以享上帝，而大亨以养圣贤。巽而耳目聪明。柔进而上行，得中而应乎刚，是以元亨。”鼎卦的卦名，是取象而来。由于卦象像鼎，因而取名为鼎卦。下巽为木，上离为火，表示利用木能顺从火燃的性，象征烹饪的实际状态。“圣人”在这里指的是有道的明君，只有像这样的明君，祭天才会有功效，否则不过徒具形式，上天并不会有所回应。真正的“大亨”，是“养圣贤”。天子养圣贤，圣贤便顺心地为天子观察、聆听，使天子能知天下事。“柔”即六五，向上与上九相比，所以说“柔进而上行”。六五居上离中位，因而“得中”。与上九相比，九为刚爻，所以说“应乎刚”。不依惯例向下应九二，是大公无私。上行与上九相比，是以贤为尊，所以“元亨”。

九二爻辞：“鼎有实，我仇有疾，不我能即，吉。”小象说：“鼎有实，慎所之也；我仇有疾，终无尤也。”九二居内巽中位，由于以阳居阴，反而刚柔兼备，实而不虚，所以说“鼎有实”。九二虽与六五相应，却因为六五柔弱无力，两者刚柔互失其位，有如怨偶与我有仇。外柔（六五）内刚（九二），好像体弱有疾病。“不我能即”便是不能即我，“即”指加害。九二阳刚充实，不致受到伤害，所以吉祥。“鼎有实”，必须对自己的行为谨慎。“所之”即所行，不迁就初六，仍与六五交往，才叫“有实”。只要不与六五过多接触，即使“我仇有疾”，也不致受害，所以“终无尤”也。九二爻变为旅卦（䷷），象征九二把自己当作旅客，刚实守中，自然终能无尤。

鼎
50 ䷱ 九二，鼎有实，我仇有疾，不我能即，吉。

九二为鼎腹，以阳刚之爻居阴柔之位，象征其空虚。由于九二刚位居下巽之中，表示空虚的鼎腹为阳实的九二所填满而不虚，所以说“鼎有实”。“仇”即怨偶。六五与九二阴阳相应，六五可以充实九二。现在鼎已实，不宜再实。如六五来实九二之虚，非溢即倾。幸好六五乘九四，乘刚有病。当九二无法容纳时，六五恰巧不能来，可以确保九二的吉祥。九二爻变为旅卦，象征九二把自己当作旅客，刚实守中，自然终能无尤。

自守以正，慎防被他人牵引而陷于非义。

三、食物不能供用失去意义

鼎卦（䷱）大象说："木上有火，鼎；君子以正位凝命。"鼎卦巽木在下、离火在上，象征木上燃烧着火，所以说"木上有火"。《说卦传》指出："巽为木，为风。"木是生火的材料，风可以帮助木的燃烧。古代燧人氏"钻木取火"，应该是鼎卦的原意。后来有了烹调的鼎，才称为"火风鼎"。因为木和火都容易看到，而风的变化比较难知，所以不称"木火"而明指"火风"，用意在提醒大家：饮食会影响风气。君子因此悟出"正位凝命"的道理，模拟鼎的庄严端重形状，各自正守本位，并且凝固使命，尽心尽力地完成任务。

九三爻辞："鼎耳革，其行塞，雉膏不食。方雨亏悔，终吉。"小象说："鼎耳革，失其义也。"鼎足能够支持鼎身，但不能行动。鼎的行动，还需要用杠来扛。这时候就需要把杠穿进鼎耳，等待烹饪完毕，再把鼎扛到桌上食用。就全卦来看，六五才是鼎耳，但依下巽而论，初六在下为鼎足，九二在中为鼎腹，九三即是鼎耳。九三阳居阳位，阳为实，也就是不空，无法把杠穿进去，相当于革除了鼎耳，行动受到阻碍。"雉膏"指美味的食物，由于不能搬出来供食，鼎中的美味食物也无法享用，不免感到悔恨。九三爻变为未济卦（䷿），象征供食的效果难以发挥。爻变下卦为坎，有"方雨"之象。"亏"为不足。九三阳实，居鼎卦之中，原本有美好食物，但因居下巽木究位，火热食物也热，不能食用。之后不断加水，终可食用，因此悔恨有所减少，终获吉顺。革除鼎耳，就会失去鼎的意义。九三自满，认为不必有鼎耳，使鼎失去功效。

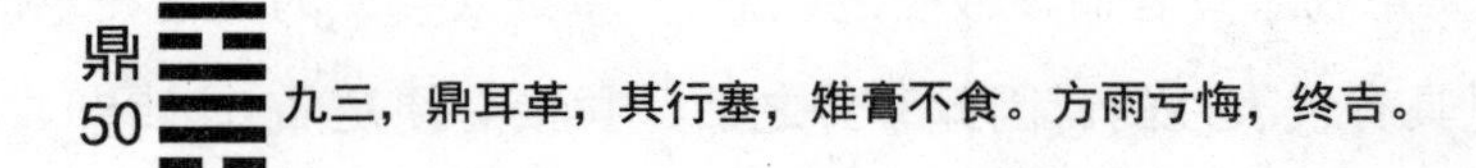

鼎 50 九三，鼎耳革，其行塞，雉膏不食。方雨亏悔，终吉。

就全卦来看，九三也是鼎腹；但依下巽而言，则九三已经算是鼎耳。阳居阳位，又处下卦究位，象征过刚失中。性格偏激的人，在变革之后，不能与民休息，反而继续采取武力行动，必然有悔。因为九三鼎耳太实，根本塞不进鼎铉，相当于革除了鼎耳，使移鼎工作难以顺利进行，鼎中的食物也无法被人们享用。幸好九三具有才干，只是尚未获得领导者六五的赏识，所以不能发挥才华。不过九三仍然坚忍不拔，有如前进时遇到雨水的滋润，最后终能减少悔恨而获得吉顺。九三爻变为未济，象征供食的效果不彰，有待持续加水，才能食用。

坚忍不拔，等待良机，千万不可自暴自弃。

四、民生失其所养必有凶险

《序卦传》说："革物者莫若鼎，故受之以鼎。"革卦（䷰）的主旨在革旧布新。变革事物，没有比鼎器更具有代表性的，因此革卦之后，紧接着便是鼎卦（䷱）。两者互为综卦，表示"革故"和"鼎新"，原本就是一体两面、密不可分的。

鼎卦（䷱）六爻，各取鼎器的某一部位或配件为喻，爻辞以吉美居多。初六阴柔在下，颠倒鼎足，便于清除废弃物，因而无咎。九二鼎中有实，谨慎处理，不使充溢，可获吉祥。九三鼎耳变异，以致有食物却难以供用，倘若调和阴阳，也能终获吉顺。全卦只有九四这一爻，似乎不能称职，值得我们特别警惕。因为爻变即成蛊卦（䷑），易于产生负面的思想行为，造成蛊那样的病因，必须严于防患。

九四爻辞："鼎折足，覆公竦，其形渥，凶。"小象说："覆公竦，信如何也！"九四与初六相应，初有"颠趾"，以致四有"折足"。阳爻为实，九四居九二、九三、九四鼎腹的最高位，象征鼎器中盛满了食物，鼎足一折，势必倾覆。不但把"公竦"，也就是供王公食用的美膳，倾覆在地，而且使得鼎身也受到沾濡，所以说"其形渥"。"形"指鼎的外部，即为鼎身。"渥"为沾濡的状态，象征贪多反受其累，以致折断了鼎足，当然凶险。鼎卦（䷱）紧接在革卦（䷰）之后，九四爻上承六五、下应初六，表示革新之后的工作分量过重，以致不堪负荷而折足。民生失其所养，就算革命成功，也无法获得百姓的信任和拥护。所以在革命之后，必定要以安民为首要任务，历代皆然。

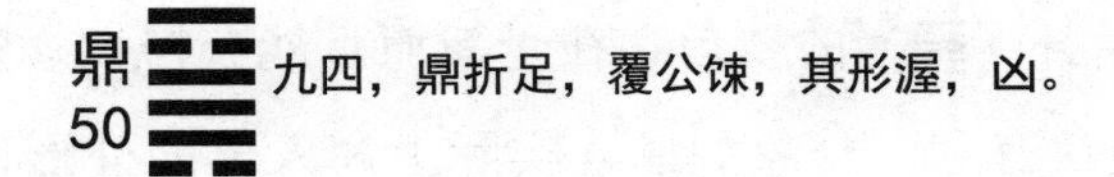
鼎 50 九四，鼎折足，覆公餗，其形渥，凶。

九四为鼎腹上部，阳居阴位，象征鼎中已盛满食物，使鼎不胜负荷。若是折断鼎足，鼎中的食物势必倾覆，沾满鼎身，显得肮脏不堪，又有凶险。九四不当位，表示力不胜任，却要承担重责，当然是咎由自取。初六为趾，九四为足。九三至六五互兑，象征毁折，也就是“折足”，使鼎倾覆。九四下应初六，中间为九二与九三所阻，因而有凶祸。九四爻变为蛊，象征革新之后的工作过重，民生失其所养，难于产生信任感。

必须预防负面思想的产生，防止造成腐败。

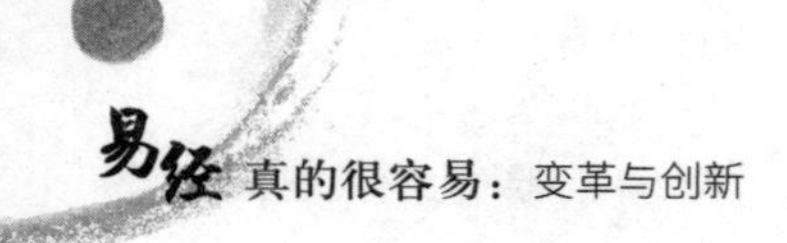

五、中以为实才能正位凝命

鼎器，原先作为烹饪的器具，有养人的功用。后来发展为权力的象征，从夏朝经商朝到周朝，都以鼎来传承帝位。鼎卦（䷱）的要旨，在于新而且能获得大众的信任，也就是“鼎新”的效果良好，普遍对大众有利。卦象如鼎，实际上和人体的外形也十分相似。初六有如两腿，九二、九三、九四三阳爻好比身躯，六五如左、右两肩，而上九恰好是大脑。怎样配合《黄帝内经》来探究养生保健的规律，以达成“正位凝命”的义理，实在是非常重要的课题，值得我们重视。

六五是鼎卦的卦主，有如鼎的双耳，方便手提或是用杠扛起。九三“鼎耳革”，原因在其刚而阻塞；而六五以柔，为什么会变成黄金之铉呢？我们且看六五爻辞：“鼎黄耳金铉，利贞。”小象说：“鼎黄耳，中以为实也。”“黄”为中间颜色，譬喻六五柔中。“金”为刚坚之物，譬喻六五居阳位又与九二刚爻相应。“铉”是举鼎的器具，也就是鼎扛。鼎属金，其用则与水、火、木相关，而且鼎足必须稳置于地面之上。鼎具有金、木、水、火、土五行之德。由鼎烹熟的食物，能充六腑而养五脏。金、木、水、火、土五行，无不附托于土，而土壤以黄色最为普遍。六五虚爻中位，象征虚心受益，能以和平、合理的方式来提供实际效用。有如鼎的黄耳，接受上九金铉那样，得其实用。六五爻变即成姤卦（䷫），象征刚居中得正，天下大行，所以“利贞”。六五为君位，是“大亨以养圣贤”的卦主，其象利于贞固。养贤之道，千万不能先恭后慢，有始无终。鼎之道，即在中以为实，必须坚持。

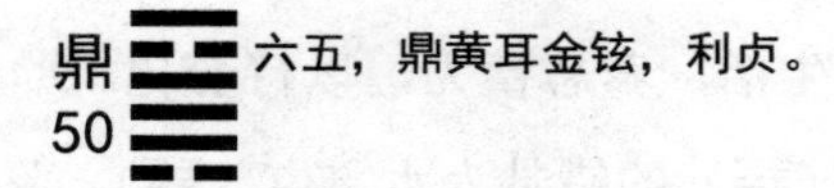

六五虚爻处九二、九三、九四鼎腹之上，象征鼎耳。鼎能够有所作用，鼎耳可说是居于关键地位。“耳”为鼎主，所以六五为本卦卦主。“黄”为土色，具有中德，称为“黄耳”。“金”坚而刚，“铉”是串在鼎耳上的器材。“金铉”加在鼎耳上，目的是方便举起鼎搬运食物。“金铉”指上九，六五亲比上九，有如“黄耳”比“金铉”。“五”为君位，虚怀执中、大公无私。由于六五阴居阳位，恐其中德不够贞固，所以提示“利贞”。六五爻变为姤卦，象征刚居中得正。天下大正，也就是“利贞”。

阴阳合德，刚柔相济，发挥柔中的特质。

六、贤能的辅助对明君有利

鼎卦（䷱）与需卦（䷄），同样是饮食之道，然而需卦象征云在天上而未下雨，表示时机尚未成熟，只能安于饮食宴乐的日常生活，养志蓄力，以待变化。鼎卦则重在养士尊贤，使人尽其才，为社会做出贡献。鼎卦（䷱）的错卦为水雷屯（䷂），象征“鼎新”不一定出于人为，但是“革故鼎新”，不能不借助人力来完成。“鼎新”不难，却难在“得人”。

《杂卦传》说：“革，去故也；鼎，取新也。”这两个相综的卦，“革”为革除旧物，“鼎”即创立新制。新的并不一定好，旧的也未必全坏。时间与形式的新旧，实际上不如性质的改善与质量的提升来得重要。革除不良的，创立更好的，才是“革故鼎新”。我们可以从日常生活中做起，若是言行稍有过失，便要立即加以改进。上九爻辞：“鼎玉铉，大吉，无不利。”小象说：“玉铉在上，刚柔节也。”上九居鼎卦终位，象征革故鼎新的艰巨事业已大致完成。阳居阴位，表示以温润的性质来调和阳刚的鼎扛。从卦形来看，六五是鼎的两耳，站在六五的立场，把上九鼎盖视同“金铉”那样阳刚，而上九却能够以“玉铉”自居，当然大为吉顺而无不利。上九和六五刚柔互相调节，象征鼎盖和鼎耳密切配合，对于烹饪食物而言，必然是无所不利。

一般卦象，上九大多位终而反变，鼎卦却是终而不穷，正好是推陈出新的鼎道。玉铉在上，并不是上九之上还有玉铉，而是上九自身即为玉铉。以刚乘柔，更显出六五的利贞。上九可以看成六五的延伸，金玉刚柔调和，所以爻变为恒卦（䷟），象征具有可长可久的耐力，而无不利。

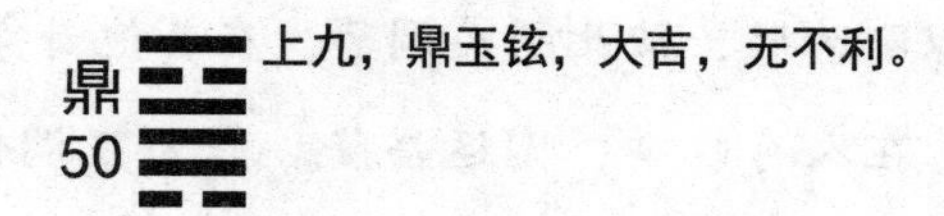

上九居鼎卦之上，为鼎铉。有了鼎铉，才能将鼎中煮好的食物举移到案前，享养食用。所以鼎的作用，全系之于铉。“金铉”“玉铉”并非两个不同的铉，而是同一个铉。金属质硬，可以举起重物；玉质脆，却不能举重；金铉烧热时会烫手，玉铉温润不烫手。因此铉的中央部分，以玉为把手，取出食物时会较为安全。上九不当位，但以“玉铉”自居，所以大吉，对烹饪食物而言，自然无不利。上九爻变为恒卦，象征具有长久的耐力，以刚居柔，也能无不利。

刚柔并济，用得其宜，自然无不利。

我们的建议

（一）鼎的本义，是“三足两耳，和五味”的宝器，能熟物养人，以水火烹调五味。鼎道贵在中和，六五虚爻中位，上九以刚为胜，彼此刚柔调节，在其他卦象中殊为少见。

（二）古代把鼎当作传国之宝，意在人存政举，国运昌隆。鼎为烹调供食的器具，象征国家领导人的神圣责任即在养民、安民，使民生得以均衡发展。

（三）我们常说“鼎足而居”，譬喻鼎的三足各据一方以自持，显得稳固而踏实。鼎卦六爻的爻辞，只有九四“鼎折足”为凶，其余五爻：初六无咎，九二吉，九三终吉，六五利贞，上九大吉。可见鼎足稳固才能实用，不致造成伤害。

（四）四爻为大臣位，不中不正。所用的人，又是初六阴爻，象征鼎一折足，满鼎美味佳膳全都倾覆，提醒我们：用人至关紧要！倘若用人不当，迟早必招凶祸。

（五）大禹铸九鼎，象征中华大一统已具雏形。天下九州，各有其鼎，镂列各州的山川、物产、户口、贡赋于其上，大小不一。政治体制，亦以左右丞相像两耳，三公像三足。治国之道，有如熟物以养民，率民以正道。

（六）“一言九鼎”，譬喻一句话的分量和九鼎一样重。凡事谈妥之后，能否“一言九鼎”，全看发言的人是不是够格。一言可以兴邦，一言也可以丧邦。有权有势的人士，务必要更加谨言慎行。

第八章

革卦有哪些相关的卦？

革卦的错卦为蒙卦，相距四十五个卦，
其综卦为鼎卦，却只有前后的差距。

革卦依阶升法，可变成六个卦，
分别为咸、夬、随、既济、丰、同人。

革卦中含有五个卦中卦，
那就是姤、家人、大过、同人、夬。

革卦的第四爻倘若由阳变阴，
立即变成既济卦，意义十分重大。

革卦的交卦，呈现睽卦，
一家人的精诚团结，变成了睽违离散。

革卦的下一卦，便是相综的鼎卦，
表示革故必须收到鼎新的效果，才有价值。

一、首先看革卦的错综两卦

革卦（䷰）的错卦为蒙卦（䷃），而综卦为鼎卦（䷱）。

革、蒙两卦，上下六爻完全相反，象征完完全全的改革必须由启蒙着手，然后循着需、讼、师、比、小畜、履……的途径，走完二十七个卦，才显现重见光明的离卦。于是由天道转入人道，经咸、恒、遁、大壮……走了十九个卦，才能看到革的效果。这样算起来，由蒙到革，中间历经上经二十七个卦、下经十八个卦，总共四十五个卦，实在太漫长了！因此借着“错卦”的形象，启示我们：需要设法突破这些重要关卡，缩短蒙卦（䷃）与革卦（䷰）之间的距离。

古代变革缓慢，现代则是快速变革。能够如此，便是由于我们吸取了先人的经验，避免出现同样的错误，这才摸索出愈来愈便捷、安全的变革方式，说起来，应该算是良性的改进。

革、鼎两卦，上下六爻完全颠倒，象征“革故鼎新”原本是一体两面。为了革故，必须鼎新。改善现况，就不能不有所破坏。然而，在革的时候，免不了会受到现有既得利益者的全力阻挠。鼎的时候，同样会遭受被改朝换代者必然的抗拒。两者的对象虽然不同，所遭遇到的阻力却是一样的。

安排在革、鼎两卦的前面，和革故鼎新具有密切关系的，有夬（䷪）、姤（䷫）、萃（䷬）、升（䷭）、困（䷮）、井（䷯），倘若加上革（䷰）、鼎（䷱），一共有八个卦。其中四个卦（夬、萃、困、革），上卦都是泽（☱）；另外四个卦（姤、升、井、鼎），下卦都是巽（☴）。把上卦泽和下卦巽合起来看即是大过（䷛），可见整个过程，都寓有大彻大悟的机会。

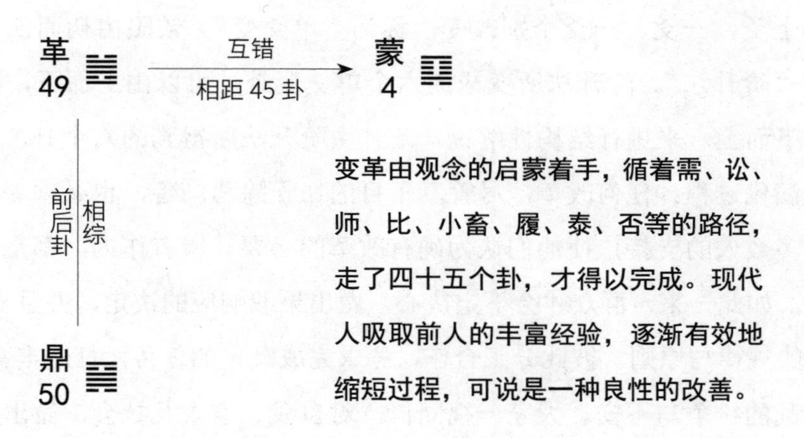
革
49
互错
相距 45 卦
蒙
4
前后卦
相综
鼎
50
变革由观念的启蒙着手，循着需、讼、师、比、小畜、履、泰、否等的路径，走了四十五个卦，才得以完成。现代人吸取前人的丰富经验，逐渐有效地缩短过程，可说是一种良性的改善。

“革故”“鼎新”原是一体两面

二、依据阶升法变出六个卦

革卦（䷰）共有初九、六二、九三、九四、九五、上六这六个爻，每一个爻由阴变阳，或由阳变阴，都会变成另外一个卦。由下而上，依阶而升，形成：咸（䷞）、夬（䷪）、随（䷐）、既济（䷾）、丰（䷶）、同人（䷌）这六个卦。

由初爻到上爻，一爻、一爻个别改变，称为“单爻变”。依照由初而上的顺序进行单爻变，就叫作“阶升法”。阶升法所变成的六个单爻变卦，可以由上而下，获得整体的启示；也可以由下而上，来进行结构性解说。革卦由阶升法所得到的六个卦，我们先由下而上来探索它的演化过程：任何改革，尽管真正目的在于除恶向善，也必须先提出正当的理由，以争取大多数人的支持，使他们认为确有改革的必要。所有作为，都是为公，而不是为了谋取私利。如此一来，群众才会下定决心，做出果敢响应的决定，并且立即采取行动，追随前人订立的规律与原则。彼此分工合作，务求完成既定的任务，打造丰富生活的社会，同时要避免变乱的纷争与不安。大家一视同仁，对自我、家人及社会，做出正面积极的改变，这才是真正发扬革道的做法。

由上而下，也可以这样解说：变革的时候，必须一视同仁，才能公而忘我。于是需要建立共识，预先做好心理建设，面对多故情况，务求尽力完成。追随贤明人士的指导，决定行事方向，坚定意志，做出果敢的决定。有了这样的心态和行动，齐心协力，把握契机，迅速而协调，自然可以顺利地完成变革的使命，使大家深受感动。

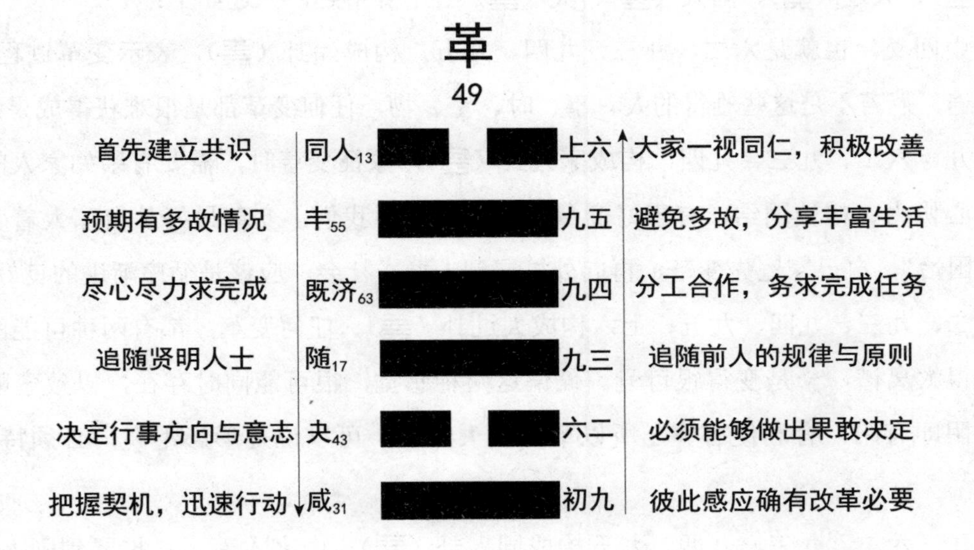
革
49
首先建立共识
预期有多故情况
尽心尽力求完成
追随贤明人士
决定行事方向与意志
把握契机，迅速行动
同人13
丰55
既济63
随17
夬43
咸31
上六
九五
九四
九三
六二
初九
大家一视同仁，积极改善
避免多故，分享丰富生活
分工合作，务求完成任务
追随前人的规律与原则
必须能够做出果敢决定
彼此感应确有改革必要

三、革卦中含有五个卦中卦

革卦（䷰）由初九、六二、九三、九四、九五、上六这六个爻构成。其中含有姤（䷫）、家人（䷤）、大过（䷛）、同人（䷌）、夬（䷪）五个卦中卦，分述如下：

卦中四爻，也就是六二、九三、九四、九五，构成姤卦（䷫），表示变革过程充满了很多奇遇。倘若不是这些难得的人、事、时、空、物，任何变革都是很难获得成果的。

初九、六二、九三、九四，构成家人卦（䷤），象征变革时，需要有亲如家人的团队，大家齐心协力、精诚团结，有事好商量。同时又告诉我们：变革最好从自家人着手。“家齐而后国治”，自己家庭先变革，再向外扩展到人群、社会，应该是循序渐进的良好途径。

六二、九三、九四、九五、上六构成大过卦（䷛）。任何变革，都有两种可能的结果：一是错得太离谱，一是变得很可爱。偏偏这两种感觉，很可能同时存在，以致褒贬不一。因为有阴即有阳，有利便有弊，所以革卦和大过卦，可以说是形影不离，必须特别提高警惕。

初九、六二、九三、九四、九五构成同人卦（䷌）。由家人着手，扩展到同人，是一项艰巨的工程。公正无私，心胸宽广，眼光高远，还要意志坚定，否则很难在革道当中贯彻到底。多少人中途变卦，便是经不起考验所致。

九三、九四、九五、上六构成夬卦（䷪）。家人心不齐，同人梦破灭。这时最需要的是当机立断、坚决不移，不受名、利、情的诱惑和干扰，以免革道遭受破坏。

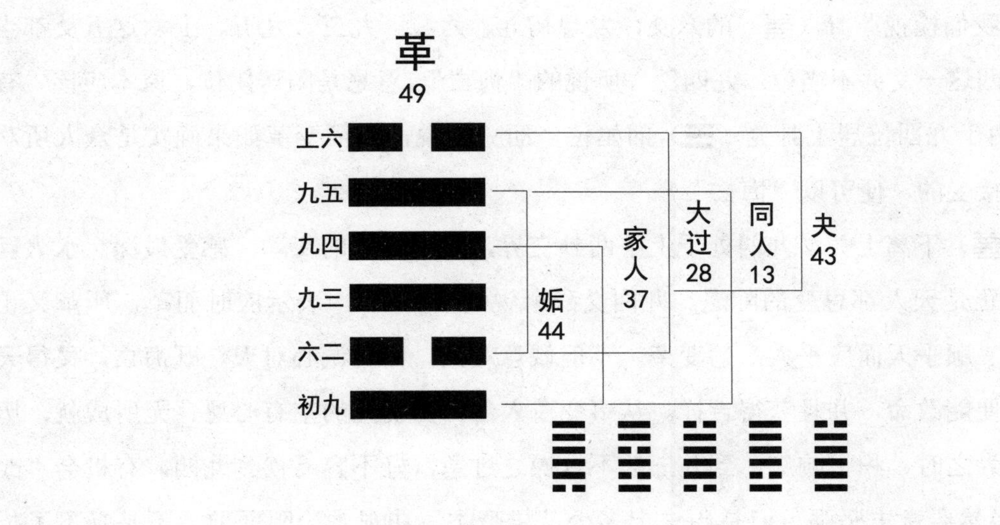
革
49
上六
九五
九四
九三
六二
初九
姤
44
家人
37
大过
28
同人
13
夬
43

四、革卦第四爻变即为既济

我们在阶升法，也就是单爻变那一节中，已经说过革卦（䷰）的第四爻，倘若由九四变成六四，革卦就会成为既济卦（䷾）。那么为什么这一节，又再特别提出来加以解说呢？

首先，我们检视革卦（䷰）的六爻，发现初九、六二、九三、九五、上六这五爻都当位，只有九四这一爻并不当位。九四爻辞所说的“悔亡”，意思是阳居阴位，原本应该“有悔”，现在由于九四位居上卦兑（☱）的始位，而兑为悦，象征变革如果确实是众人所欢迎、所乐于接受的，便可以“悔亡”。

革卦（䷰）下离上兑，九四处于上下两卦交界，对于水火的变动，感受最深。水火互消的时刻，正是天人都思变的际遇。九四爻辞所说的“有孚”，表示应时而革，所革又正当，显然是“顺乎天而应乎人”的变革。不但诚意对人，而且诚心对天。既悔亡，又得天人共信，革便能改命，并且获得吉祥。从事变革人士，由初九的空有心愿、无所成就，历经六二的可为之时、积极响应，到九三的不宜操之过急，好不容易挨到九四，有机会“改命之吉”，当然要意志坚强。但是历史上多少英雄豪杰，在艰难险阻面前，不是受不了折磨和诱惑而放弃变革，便是稍有所获，就不再继续奋斗。往往离既济只有一步一遥，却令人可惜地半途而废了！

九三、九四、九五是一个乾卦（☰），乾为天。六二、九三、九四呈现巽卦（☴），巽为命。九四、九五、上六为兑卦（☱），兑为口。综合看起来，九四有宣告天命的象，所以爻辞说：“有孚改命，吉。”变革能否成事，九四无疑是关键所在。

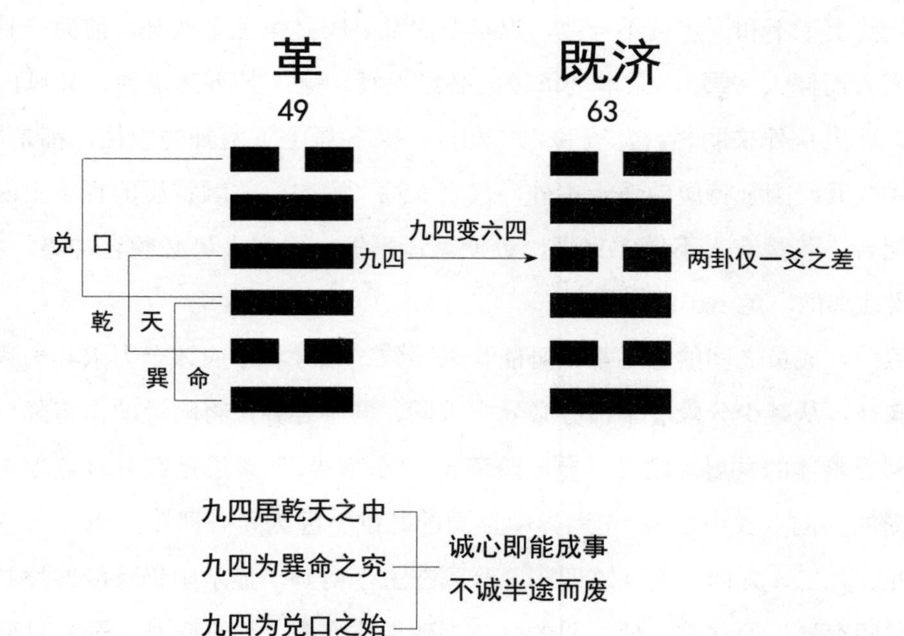
革
49
既济
63
兑
口
乾
天
巽
命
九四
九四变六四
两卦仅一爻之差
九四居乾天之中
九四为巽命之究
九四为兑口之始
诚心即能成事
不诚半途而废

五、革卦的交卦就成为睽卦

革卦（䷰）下离上兑，倘若上下互换，成为下兑上离，那就是睽卦（䷥）。象征变革的团队，只要上下不和，步调不一致，迟早要内乱。睽是第三十八卦，前面一卦叫作家人（䷤）。由家人而同人（䷌），原本是革道的必经途径。家人卦下离上巽，外风内火，象征火自内生，而风从外来助燃。九五和六二相应，又各居上下两卦的中位，都是居中得正。具有男性（九五）刚强特质的适于主外，代表女性（六二）柔顺特质的宜于主内，各得其所，密切配合。若是有人不遵守家规，致使家道不振，一家人势必貌合神离，各怀鬼胎，甚至弄得睽违离散，走上了睽道。

任何组织，成员之间的意见都不可能长久一致。领导者不应该全力求其一致，而要秉持包容的胸怀，从减少分歧着手，务必异中求同、同中存异，将睽道的伤害降到最低，这样更加有利于整体的发展。睽卦（䷥）卦辞说："小事吉。"意思是在分歧点当中，寻找大家都能接受的共同点（小事），作为异中存同的基础。因为睽卦四阳二阴，六三和六五两阴，被初九、九二、九四、上九这四阳，分隔在上下两卦，显示阳仍然能够控制阴，也就是善用"求同存异"的法则，使二阴的分离不致造成伤害。何况睽卦（䷥）只要初九变初六，然后全卦六爻向下翻转一个爻位，就变成水火既济（䷾），警示我们在睽违离散之时，只要不走极端，采取柔和的态度求同存异，尽量减少分歧，必然会有重返和合的既济的可能。革而睽，对大家的伤害很大，应该极力防范。

泽火革。
由六二到上六，
呈现大坎的象。
必须具有坚强意志，
有克服万难决心，
坚持到底，
才有成功的希望。

火泽睽。
最好异中求同，
同中存异。
正方的力量，
仍然大于反方，
整体和合尚未破坏，
不可轻易放弃。

六、革卦最重要伙伴是鼎卦

综上所述，与革卦（䷰）相关的卦，已经出现了蒙（䷃）、鼎（䷱）、咸（䷞）、夬（䷪）、随（䷐）、既济（䷾）、丰（䷶）、同人（䷌）、姤（䷫）、家人（䷤）、大过（䷛）、睽（䷥）等十个以上。解说革卦时，最好能将这些相关的部分一并加以思虑，才能认识得更为广泛而深入，获得更加周全的了解。

然而，《序卦传》指出：“革物者莫若鼎。”变革事物最具有代表性的器具，便是自古以来常用的鼎器。《易经》将革卦和鼎卦连接在一起，实在是用心良苦，唯恐大家只革不鼎，一味破坏却不建设，那就真的水火相息，不可能“元、亨、利、贞”了。原本有悔，却不能亡，实在是革而未当啊！变革之道，有四大要件：时机正确、意志坚强、威德俱备，还要技巧有效。

革卦（䷰）水火相消，象征天人思变，时机成熟。这时候有志之士起而变革，但问正当与否，暂时不必顾虑响应者多寡。

只要有威望并德行高尚，加上灵活有效的方式，自然响应者会日益增多，一旦市场反应热烈，鼎新的期望也就大吉而亨通了！水和火具有相生相克的关系，我们运用时势的变化，使弱者转强，而强者转弱。掌握有利的契机来制衡其事，便可以顺利地革故鼎新。好比制作皮革的过程中，借助适当的鼎器，将兽皮置入鼎中，注入所需的水，然后以火将其煮熟，一方面可以去除皮的腥味和皮上面的毛，另一方面可以使原本坚硬的皮变成柔软可供制作的革。有了合适鼎器，就可以安全、方便、有效地实现鼎新的效果，可见革卦最重要的合作伙伴即为鼎卦。

变革有四项必备要件：

1. 适合的时机
2. 坚强的意志
3. 威望和德行
4. 灵活的手腕

有如将合适的兽皮置入鼎中，
注入所需的水，
以火将兽皮煮熟。
一方面去除腥味和皮上的毛，
一方面使坚硬的皮变得柔软，
以利后续制作完成有价值的成品。

我们的建议

（一）每一个卦，都有若干相关的卦。综卦、错卦、交卦之外，还有单爻变所形成的卦，以及卦中卦。我们每看一个卦，都可以将这些相关的卦，一并纳入思虑。

（二）当然，我们在单爻变之外，也可以加入二爻变、三爻变、四爻变、五爻变，甚至于六爻齐变。这样一来，每一个卦，都和其余六十三个卦密切相关。换句话说，任何一个卦，都可以变成我们所想要的那一个卦。

（三）《易经》告诉我们：简单的要加以复杂化，复杂的也应该设法简单化。所以我们并不需要把一个卦变到六十四卦。我们只要适可而止，把一个卦的相关各卦找出来，适当地加以思虑，也就好了。止于所当止，才叫作“适可而止”。

（四）在这些相关的卦当中，有出现多次的，也有特别重要的，可以列为重点。对于这些卦，要比较其他各卦做出更为深入的分析，务求对本卦的掌握能够更广泛、深入且周到。

（五）革卦（䷰）的前一卦为井卦（䷯）。坐井观天的人，常常不知道自己的见闻局限于一隅，都喜欢自以为是。久而久之，不免成为井底之蛙，最需要加以变革。

（六）革卦（䷰）的后一卦为鼎卦（䷱）。变革免不了破坏，紧接着便需要合理的建设。这种理想，最好在变革之前就充分加以思虑，才能避免做出盲目的破坏行动。

第九章 鼎卦相关的卦有哪些？

鼎卦的上一卦为革，彼此相综，互为一体两面；
其错卦为屯卦，两者相距四十七个卦，相当遥远。

鼎卦依阶升法，单爻变，出现六个卦，
由下而上，依序为大有、旅、未济、蛊、姤、恒。

鼎卦六爻，可以组成五个卦中卦，
那就是夬、姤、大有、大过，加上一个睽卦。

鼎卦的第三爻若是由阳变阴，
立即变成未济，值得我们特别警惕！

鼎卦的上下卦互相交换，成为家人卦，
象征鼎的功能，有如家人般的照顾与安慰。

鼎的下一卦，便是震下震上的震卦，
表示鼎革的功效，最好能永久保有，便于传承。

一、先来看鼎卦的错综两卦

鼎卦（䷱）的错卦是屯卦（䷂），两者在卦序的距离，比革卦和蒙卦还要远。屯表示初生，鼎可以说是新生。初生处于草创，反而比较没有主见，顺乎自然而行。新生大多有理想、有主见，当然比初生更为复杂。屯卦“元、亨、利、贞”四德俱备，鼎卦却只有元亨，未必利贞。屯卦二阳四阴，主导的人少，配合的人多，比较不容易轻举妄动。鼎卦则相反，二阴四阳，出主意的人多，配合的人少。人多嘴杂，所以鼎新的时候，最好正位凝命。大家效法鼎象而端正守分，各自尽好应尽的责任。屯卦下震上坎，象征云雷，人力难以控制。鼎卦下巽上离，木上有火，人力比较容易掌握。人心难测，从这里应该可以获得充分体会。

鼎卦（䷱）的综卦为革卦（䷰），两者原本是一体两面。革故的目的在鼎新，要鼎新就免不了革故。这两卦前后相连，实在是难分难解。改变不了现状，根本谈不上创新；但求创新，却忽视现有的情况，那就是唱高调，不切实际。革免不了破坏，所以火水相息；鼎必须把水火调和合宜，使新生得以成功。倘若革而不能鼎，与寇盗、恐怖分子有什么两样？从夏禹开始，鼎便成为天子的宝器。列鼎于庭，表示天子受命于天。到了战国后期，周朝有数十年没有天子，鼎也因而不知下落。秦始皇统一天下，得不到九鼎，世人认为他不是真命天子，所以只传二世，十余年而亡。现代帝制已废，大家仍然以“一言九鼎”为重，可见鼎在大家的心目当中真的非常重要，可以巩固革的成果。

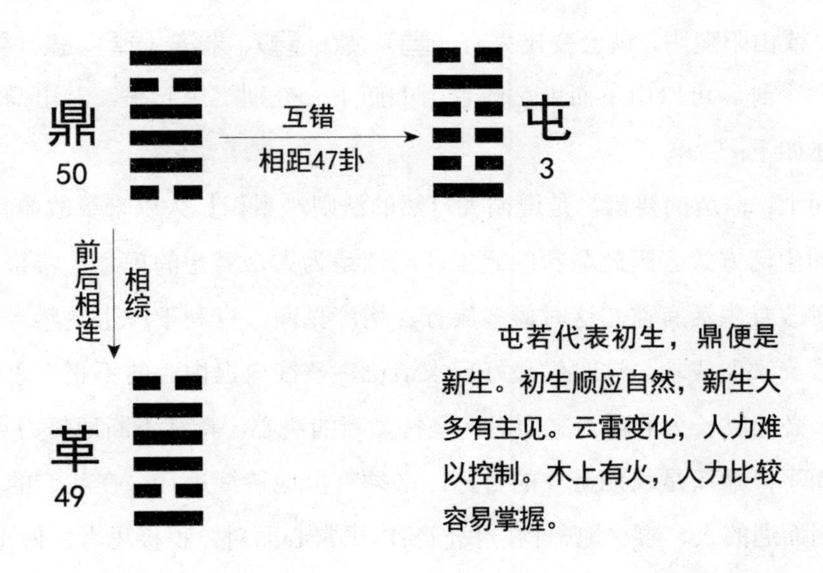

“鼎新”必先”革故”，两者密不可分

二、按照阶升法变出六个卦

鼎卦（䷱）由初六、九二、九三、九四、六五、上九构成。倘若由下而上，每一个单爻由阴变阳，或由阳变阴，就会变出大有（䷍）、旅（䷷）、未济（䷿）、蛊（䷑）、姤（䷫）、恒（䷟）这六个卦。可以由下而上，或者由上而下，分别贯串起来，看出鼎卦的整体演化过程，兹分述如下：

先由下而上：鼎道的要旨，是遵循大自然的法则，累积长久以来革故鼎新的宝贵经验，寻求更合适的生活方式。因此鼎新的始点，应该是为大众着想的理念，希望大家都能乐于享有，而且对改善生活有益。这时候多旅行、增广见闻，有利于产生灵感。但是鼎新的尝试，往往很难一次便成功。这时候最好反求诸己，整饬自己内心的不正当思绪。若有不期而遇的难处，必须以长久的耐力来面对，坚持鼎新的决心，持续不断地努力克服难题。

再由上而下：鼎新是长期奋斗的目标，必须有恒地持续进行。在我们的生活当中，经常会出现不期而遇的人、事、地、物，我们要以平常心面对，积极思考，做出正当的互动。时刻提高警觉，严格地要求自己，整饬内心的负面思想，端正自己的行为，以免产生蛊患。在既济之前，往往要经过许多次未济的考验，这时候暂时放下工作，四处旅行，可能会萌发一些灵感，可供参考。无论如何，不要忘记鼎新的目的是保障全体大众的安宁。千万不能为了谋求私利，或者妄想出名，而离经叛道、胡作非为。现代人盲目求新求变，一味为创新而创新，实在有违“大有”的鼎新目标。

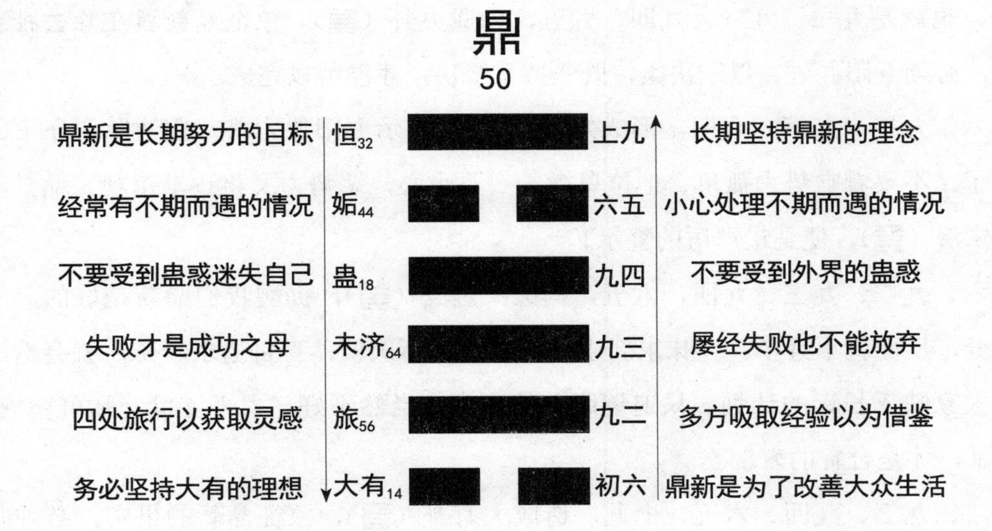
鼎
50
鼎新是长期努力的目标
恒32
上九
长期坚持鼎新的理念
经常有不期而遇的情况
姤44
六五
小心处理不期而遇的情况
不要受到蛊惑迷失自己
蛊18
九四
不要受到外界的蛊惑
失败才是成功之母
未济64
九三
屡经失败也不能放弃
四处旅行以获取灵感
旅56
九二
多方吸取经验以为借鉴
务必坚持大有的理想
大有14
初六
鼎新是为了改善大众生活

三、鼎卦中含有五个卦中卦

鼎卦（䷱）下巽上离，由下而上，分别为初六、九二、九三、九四、六五、上九。其中含有夬（䷪）、姤（䷫）、大有（䷍）、大过（䷛）、睽（䷥）五个卦中卦，分述如下：卦中四爻，也就是九二、九三、九四、六五，构成夬卦（䷪）。象征鼎新旨在除去社会进步的障碍，必须五阳并进，以刚决柔，既坚持又坚决，才能得以完成。

初六、九二、九三、九四，形成姤卦（䷫）。表示五阳协力将一阴决除，在下的一阴又起来了。不要看它势力孤单、地位卑微，一不小心，恶势力又将逐渐茁壮。鼎卦随时可能变成未济（䷿），便是最严厉的警示！

初六、九二、九三、九四、六五，构成大过卦（䷛），提醒我们鼎新是好的，然而做得太过分，反而就不好了。一味求新求变，以致喜新厌旧，盲目追求新奇，就会造成社会不安。大家缺乏长远的计划，只追逐眼前的小利，当然不好。太平盛世，凡事循规蹈矩、守经防乱，才是合宜的表现。

九二、九三、九四、六五、上九，造成大有卦（䷍），象征鼎新的果实，必须归大众共有。五阳应一阴，这五阳都为一阴所有，便是分享所产生的效果。我们不应该以得大有为目的，却必须坚持长久大有，才能确保鼎新的成果。

九三、九四、六五、上九，构成睽卦（䷥），表示鼎新的过程中，难免出现背道而驰的乱象。此时最好“劝和不劝离”，先晓以大义、防止乖离，同时用心检讨导致背道而驰的原因，然后设法加以排解，防睽而不鼓励彼此分离。

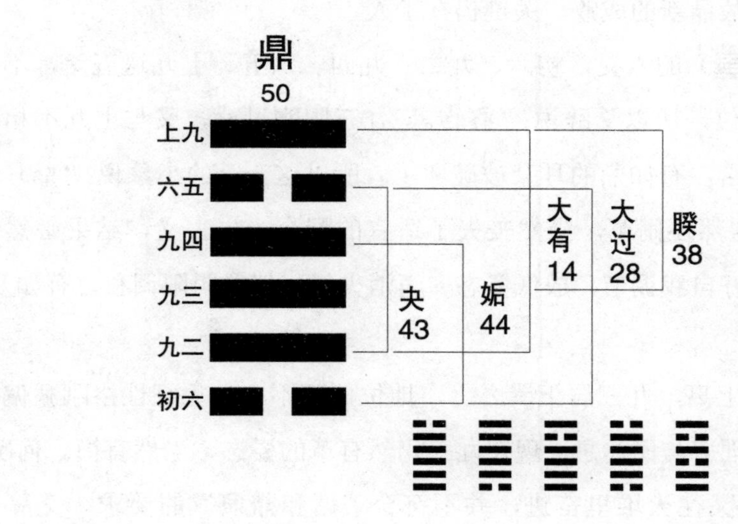
鼎
50
上九
六五
九四
九三
九二
初六
夬
43
姤
44
大有
14
大过
28
睽
38

四、鼎卦第三爻变即成未济

鼎卦（䷱）的第三爻，也就是九三爻，倘若变成六三，全卦即成未济（䷿）。这和革卦（䷰）第四爻变成六四，即成为既济（䷾），实在有异曲同工之妙。第三爻和第四爻，都处于人位，可见革故鼎新的成败，关键仍在于人。

我们检视鼎卦（䷱）的六爻，初六、九二、九四、六五、上九这五爻都不当位，只有九三这一爻，阳居阳位，所以爻辞说："终吉。"九三阳刚过盛，又与上九不相应，象征同僚之间，相处并不融洽，有如鼎的耳朵被破坏了。所以这一爻的小象说："鼎耳革，失其义也。"在鼎的时期，居然还闹革，当然丧失了适宜的配合。失去义，结果必然未济。必须"方雨亏悔"，及时做好自我调节，放低姿态、消消火气。倘能阴阳调和，有如及时雨那样，便能够终吉。

鼎卦（䷱）下巽上离，九三居下巽之上，地位偏而不中，象征性格刚猛偏激、能动不能静。在鼎的时候，理应与民休息，现在九三仍然有革的姿态，当然有悔。何况上离为火，九三自身阳刚过盛，又往火堆里奋进，并不符合"调和鼎鼐"的要求。爻辞所说的"方雨"，是将雨未雨的意思。若是九三自己调节得宜，雨自天降，便能终吉；倘若调节不过来，即使下雨，恐怕也没有用。干脆不下雨，那就未济了！

巽在五行中为木，离则为火。下巽上离，便是将木放入火中，使其燃烧，以烹饪食物。九三燃烧自己，只能化成热量，必须通过烹饪器具，以实现烹调的功能。不宜直接火攻食物，否则除了烧烤之外，其余功能都将归于未济。

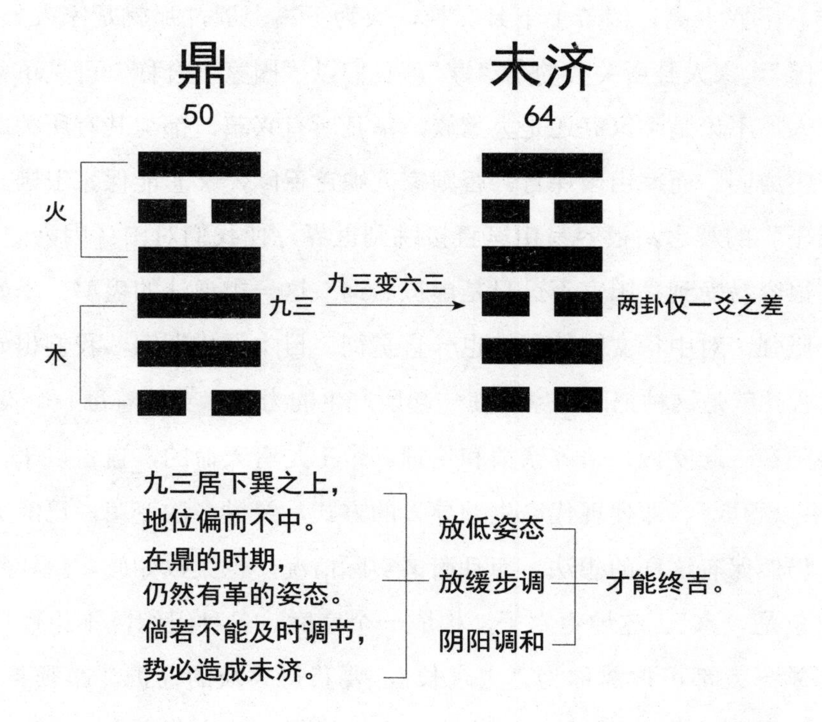
鼎
50
未济
64
火
木
九三
九三变六三
两卦仅一爻之差
九三居下巽之上，
地位偏而不中。
在鼎的时期，
仍然有革的姿态。
倘若不能及时调节，
势必造成未济。
放低姿态
放缓步调
阴阳调和
才能终吉。

五、鼎卦的交卦即是家人卦

鼎卦（䷱）下巽上离，倘若上下卦交换，成为下离上巽，那就是家人卦（䷤）。鼎卦所象征的是“国”，家人卦所关心的是“家”，我们以“国家”合称，可见革鼎大至改朝换代，小到一家人，不论是小家庭还是大家族，举凡所有兴革，都与其有所关联。因为国由家组成，无家不成国。而家由国保育，否则家人缺乏保障，又怎能保家卫国。中华民族自古便有“平天下”的观念，很容易由家直接跳到世界，使我们对国（因为与家合在一起）的观念淡薄，很容易受到“国家不过只是虚拟名词”这一类说法的蛊惑。幸好我们对民族的认同感十分坚强，对中华文化的坚持也一直贯彻。日本侵华期间，我们也始终葆有收复失土的坚定信心。就是这种把国与家合在一起所产生的力量，支持着每一个炎黄子孙。

一家人必须在一起吃饭，培养亲情和伦理。帝王是有天命的，自古以来，我们便深信“大位天定，不以智取”。即使现代产生领导人的方式，经过多次变革，已经大不相同，但在我们心中，仍然保有这样的想法。而且衡诸实际情况，也大致如此。《易经》告诉我们：人群社会的单位是“家”。乾坤生六子，构成一个家庭。各种组织，不论性质为何、规模大小，其最高领导人都可被尊称为“大家长”。要获得大众的拥护，必须善于居中调和、合理调度、有效调解、适当调教，化外人为家人，这样才能永葆安宁，或至少能够维持到气数已尽。鼎卦（䷱）大象说：“君子以正位凝命。”“凝命”便是凝民以政、凝士以礼，目的都在凝聚成为一家人，整个鼎的大道即在于此。

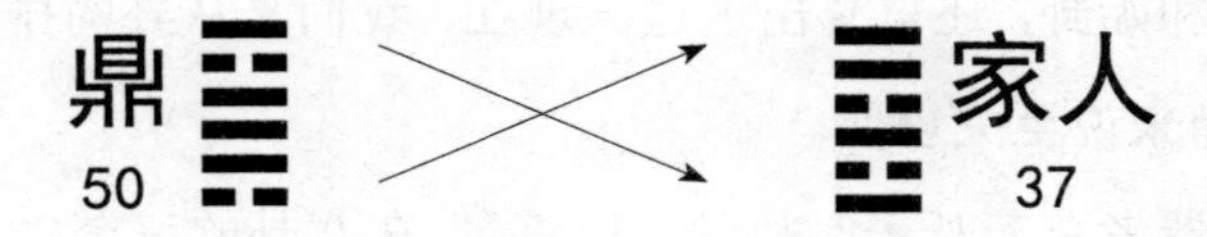

火风鼎。
鼎为大锅，可供给众人食物。
钟鸣鼎食，表示团结一致。
鼎代表帝王受命于天，
必须依天理、顺人情，
化外人为家人，
才能国治而天下平。

风火家人。
六二居中，初九、九三在两边，
象征女主内、男主外。
六四居中，四阳分居上下，
表示家人合作，各尽其责。
九五能协调相嫉之臣，
便能家齐国治而天下平。

六、鼎卦最重要伙伴是震卦

综上所述，与鼎卦（䷱）相关的卦，已经出现了屯（䷂）、革（䷰）、大有（䷍）、旅（䷷）、未济（䷿）、蛊（䷑）、姤（䷫）、恒（䷟）、夬（䷪）、大过（䷛）、睽（䷥）以及家人（䷤）。其中大有卦和姤卦，还重复出现过。现在，我们又从卦的排序中，提出震卦（䷲）加以探讨，因为这对鼎来说至关重要。

《序卦传》说:“主器者莫若长子，故受之以震。”在八卦的三个“儿子”当中，震（䷲）排行老大，称为“长子”。古代以长子继承王位，最适合主持鼎器，所以鼎卦接下来便是震卦。以史为镜，我们可以发现太子的才德与继承的顺当与否，有着非常密切的关联性。震卦（䷲）卦辞所说的“震来虩虩，笑言哑哑”，指的是太子的品德；而“震惊百里，不丧匕鬯”，则是指太子的才能。太子才德兼备，表示继统顺利，甚至可以弘扬祖业。若是虚有其位，那就是气数已尽，将要改朝换代了。这是上天最有效的制衡力量。

太子登基接任皇位，实际上也是一件天翻地覆的革故鼎新之事。天翻指先皇去世，地覆即群臣的更动，便是我们常说的“一朝天子一朝臣”。现代虽然废除帝制，但实际情况也大致如此。不论任何组织，领导人更替时，大家总是寄予厚望，希望能有一番革故鼎新的作为，使众人为之震动。若是热烈响应的多，便代表获得大众的拥戴。震卦（䷲）大象称为“洊雷震”，便是雷声隆隆的情状。大家用鞭炮声不断来表示热烈庆祝，这时最好提高警惕，思考面对这个新时代、新作风时，应该如何自我调整以期适应。这样的举措并非投机取巧，而是随机应变。

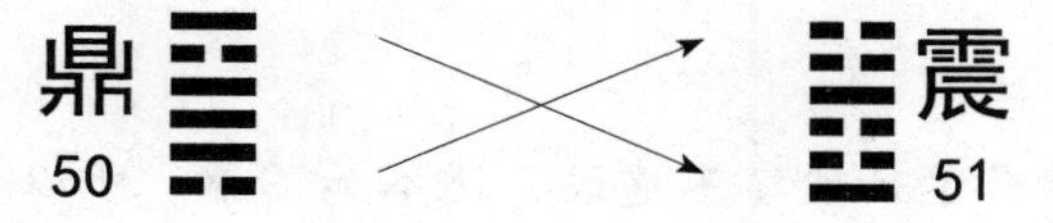

每一次的革故鼎新，
势必带来大震动。
有短暂的，
也有较为长久的，
这种反应，
便是对革故鼎新的重大考验。
反应热烈而且持久，
代表获得大众的拥戴，
才是良好的革故鼎新。

鼎所烹饪出来的美食，
必须入口，经由牙齿的咬动，
才能顺利转化成所需的营养。
心存善念，革故鼎新，
总会产生良善的效果，
获得大众热烈的反应。
若以恶念革故鼎新，
必然自食恶果，
符合自作自受的定律。

我们的建议

（一）革故鼎新的效果，有阴也有阳。效果良善的，长久受到民众欢迎；效果恶劣的，根本经不起时间的考验。所以革故鼎新，必须谨慎小心，不能够用“求新求变”的态度随意为之。

（二）革而不能鼎，相当于只破坏不建设，还不如不革。所以在革之先，就要有鼎的计划。并且要多方设想，做好各种可能的沙盘推演。倘若在革时光凭满腔热血，在鼎时缺乏耐性与毅力，很容易受到意想不到的诱惑干扰，产生始料不及的恶果。

（三）鼎的作用，在于火之下有风在煽动，以木燃火，用以烹饪食物。鼎的用途虽然很广，但都离不开日常生活的需求。革故鼎新，必须着眼于改善大众的生活，不应当只是为了创新而创新、为了求新而乱变，否则便会恶念生恶果。

（四）“鼎”的字形，不但端正稳重，而且依字形造鼎器，便可以拿来实际应用。我们“鼎新”的心态，也必须端正稳重；“鼎新”的步伐，必须实实在在。倘若有所偏失，便应当立即改善。

（五）“鼎新”的成果，要有震撼力，而且还要具有持久性。倘若不能收到这样的效果，那就只能称为“调整”。我们秉持“改善”的意识，不断做出合理的“调整”，实在比“鼎新”还要稳妥、安全、方便得多。

（六）既然革、鼎不能分开，我们接着就要把这两卦合起来看，并且进一步感悟我们这一系列的易学丛书，为什么要把革、鼎两卦安排在这一卷？究竟有什么重要的意义呢？

第十章 怎样把鼎革合起来看？

革卦是下经唯一“元亨利贞”四德俱备的卦；
鼎卦紧接其后，表示在破坏之后，必须真正有所改善。

“革故鼎新”原本就是一体两面、密不可分的，
从修身、齐家、治国以至于平天下，时时都如此。

把“革故”和“鼎新”合起来看，便是“善补过”，
人不可能不犯过，所以《易经》要求我们善补过。

我们一生，可以说是大过不犯、小过不断的历程，
时时刻刻，都有可能犯小过，所以都需要善补过。

口头道歉只是“吝”，以实际行动补过才算“悔”，
善补过发自内心，要付诸行动，才有真实效果。

养成每天反省自己的良好习惯，
及时做出合理有效的调整，便是日新又新的表现。

一、革卦元亨利贞四德俱备

《易经》分上、下两部分。上经三十卦，阐明天道自然的演化，其中乾（䷀）、坤（䷁）、屯（䷂）、随（䷐）、临（䷒）、无妄（䷘）六卦，“元亨利贞”四德俱备；下经三十四卦，由天道发扬人道，却只有革卦（䷰）合乎“元亨利贞”的要求。可见人有身体，固然有利于行动，却也很容易受到各种诱惑。往往在“元”“亨”时能守正，一旦有“利”便开始走样，利愈大而身愈不正。我们也可以这么说：倘若没有大利，则比较容易完成“元亨利贞”的历程。大利一来，人便不贞了！因此人的过错，经常是一而再，再而三地出现。孔夫子不要求我们不犯过，只要求我们不贰过，实在是深知人性的弱点就在于知过难改。

“我知道，我知道，只是做不到。”这是我们常用的借口，也是革卦（䷰）重视“元亨利贞”的主要原因。卦辞特别指出“巳日乃孚”，告诉我们革新的时机固然要对，革新的成果也必须获得大众的欢迎。换句话说：革新之后的表现，完全符合“元亨利贞”的要求，才能大幅消亡可能衍生的悔憾。这种情况，便是彖传所说的：“革而信之，文明以说，大亨以正，革而当，其悔乃亡。”唯有“元亨利贞”四德皆备的革新，才会是大众所欢迎的新政，这是一种何其严苛的考验！“革”原本是破坏的行为，当然有悔。唯有革后的建设，足以补偿破坏的遗憾或怨恨，才能够消除原有的悔。所以在“革”之前，必须充分思虑“鼎”的可能和预期的成效。不能只革不鼎，那就成为现代的恐怖分子了！能不能收到“贞”的效果，是革故鼎新的关键，非有充分把握，不宜轻易为之。

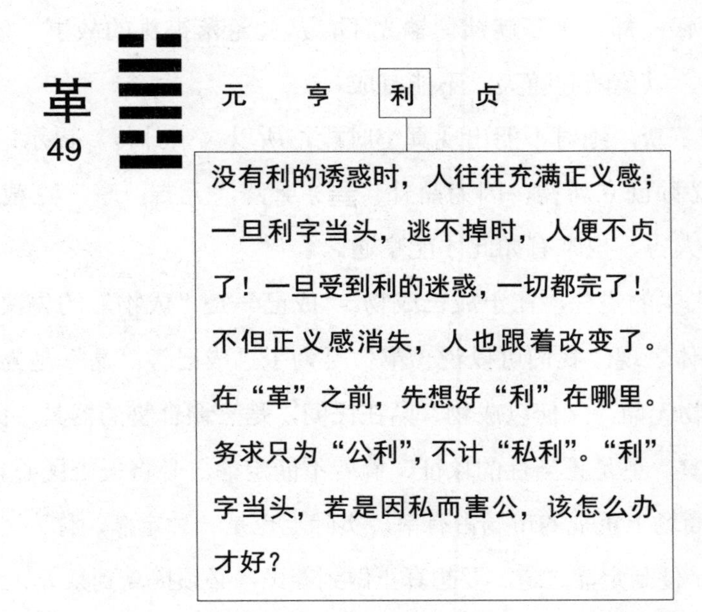
革
49
元
亨
利
贞
没有利的诱惑时，人往往充满正义感；一旦利字当头，逃不掉时，人便不贞了！一旦受到利的迷惑，一切都完了！不但正义感消失，人也跟着改变了。在“革”之前，先想好“利”在哪里。务求只为“公利”，不计“私利”。“利”字当头，若是因私而害公，该怎么办才好？

二、鼎是革物最佳烹调器具

“旧的不去，新的不来”，这是“革故鼎新”的最佳理由，古今皆然。然而，若是旧的去了，新的来不了，甚至于根本不能来，那怎么办？我们看看现代暴发户的暴起暴落过程，那些卖了田地有了钱，却一下子就赌博输光了，从此沦落街头的故事，便知革不难而鼎不易，而且非鼎不可，以免随起随灭，不能有成。

特别是政治的革新，绝对不能出现真空时段，所以《杂卦传》提示：“革去故也，鼎取新也。”革除旧物必须创立新物，因为鼎卦（䷱）卦辞“元吉，亨”直截了当地告诉我们：天下皆吉才能称为大吉，也唯有如此才能亨通。

《中庸》认为人生的责任，在于成己成物。“成己”是“成物”的先决条件，而“成物”则是“成己”的具体表现。我们可以说“革”是为了“成己”，“鼎”是为了“成物”。人不革，怎么能成己？物无鼎，又何以成物？鼎在民间，是烹调食物的器具。民以食为天，可见其重要性。鼎在皇室，更是正当性的象征。倘若不能定鼎，必将失去民心。现代革命也是如此，以得民为昌。商场上重视的市场占有率，实际上也是一种定鼎，称为“市场定位”。安定与巩固改革的成果，便是定鼎之道。要想真正做到养民，必须提高到祭天、祭祖、祭圣贤的层次。当然，对于当世健在的贤明人士，更是应该加以敬重。鼎卦（䷱）卦辞“元吉，亨”明确指出鼎的作用在于使天地人都受到合理的照顾。所以中华文化的特质之一，即在于祭祀。

这并不是拜神，也不是迷信，实实在在是一种“天人合一”“天下鼎定”“万民安宁”的宣示，十分神圣！

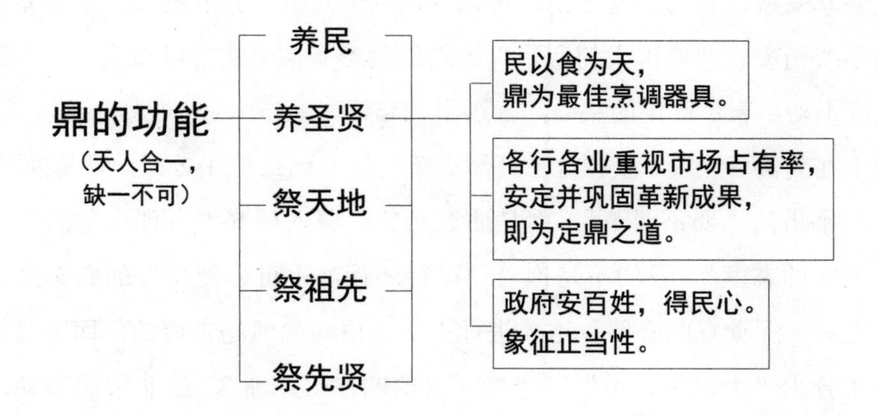
鼎的功能
（天人合一，
缺一不可）
养民
养圣贤
祭天地
祭祖先
祭先贤
民以食为天，
鼎为最佳烹调器具。
各行各业重视市场占有率，
安定并巩固革新成果，
即为定鼎之道。
政府安百姓，得民心。
象征正当性。

三、革故鼎新必须合并思虑

占卜时，用五十支蓍草象征鼎的决心，告诉自己：只有“鼎新”的成果可以证明“革故”的必要性和合理性。这种“成者为王，败者为寇”的衡量标准，迄今仍然深植人心。

把一支蓍草安放在桌面的左上角，可以视同向天宣誓“元亨利贞”的坚定信心。无论如何，永远不改初衷。即使再大的利、再凶险的危难，都无法加以改变。一直到成卦，这一支蓍草始终不动，表示鼎定的决心，永远不会忘记。

其余四十九支蓍草，双手紧握，象征泽火革（䷰）已经势在必行，只是为了慎重起见，而进行占卜。不再问“要不要革”，而是通过卦象，深入探究“合理变革的方式和方法”，以及“应该采取的态度”。我们不是抱着“可行才行，不可行便止”的心态来占卜，而是在详加思虑之后，深觉有此必要，这才进行占卜。请问如何趋吉避凶，而不是探测可不可行。变革通常分为“大、中、小”三类型，大的叫作“革命”，是非常的举动，非不得已不可行；中的称为“变革”，几乎每隔一段时间，就需要有所变革，才能合理因应此一阶段所产生的种种变量；小的则是“调整”，可以说时时刻刻都在进行中。我们驾驶汽车时，双手放在方向盘上，不停地做出微调，就是为了防止偏差太大，或是避免紧急大转弯把自己吓出一身冷汗。

人生是阶段性的调整，表示革故鼎新在持续地进行中。调整顺利，叫作“运气好”；若是不顺，那就是“运气不好”。气是自己在运，所以我们不怨天、不尤人，要经常反求诸己才好。

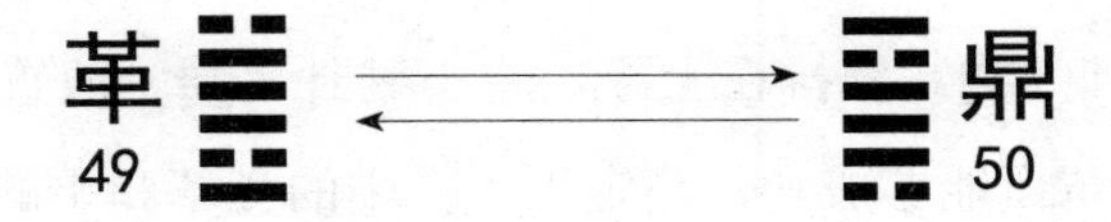

革之前必须深思熟虑， “利不百不变法”。 革之后必须鼎新， 否则只破坏不建设， 此举形同寇盗。 大的革叫“革命”， 中的革为“变革”， 小的革是“调整”。 平日常调整， 变革将更顺利而安全。	鼎是革的成果展现， 合不合理， 必须经得起考验。 革和鼎是一体两面， 最好同时兼顾并重。 空有鼎的理想， 缺乏革的决心， 不过是空谈。 破坏容易、建设困难， 两者都必须审慎为之。

四、研读《易经》目的在善补过

“多做多错、少做少错、不做不错”，原本是对实际情况的描述，不料传之既久，竟然演变成阻碍进步的荒谬托词，常被用作借口，来掩饰自己不想做、不敢做，或者不会做的缺失。《易经》把大过卦（䷛）安排在上经，将小过卦（䷽）放置在下经，同样是最后第三卦的位置，表示大的革命能够成功，决定于天；中的变革和小的调整能否有成果，决定则在人。这是“大事天定胜人，小事人定胜天”的衡量标准，果然天人合一，十分有默契。大过的后面是坎、离两卦，象征非常的事功所造成的结果，可能是大众的坎险，也可能是光明的大道；而小过的后面，紧接着便是既济、未济，告诉我们小过的后果，并没有大过那么严重，只不过是完成与尚未完成的差异，只要能够善补过，其实是很容易调整的。

坎水与离火，都是人生离不开的要件。然而水火无情，经常夺人性命。完成或未完成，毕竟难以区分。因为人生的结局，都逃不开“不了了之”的命运，谁也不能例外。所以我们不要怕犯小过，却必须善补过，养成不二过的良好习惯。善补过并不是有礼貌地道歉，因为那只是“吝”，而未必是真的“悔”。中华民族不重形式，却十分重视实际。表面上多么诚恳地道歉，也未必能够获得原谅。倒不如采取实质上的行动，使人真正感受到诚意。我们通常不相信人家所说的话，却十分相信自己内心的感觉。多言无益，不如“知一重非，进一重境”，充分发挥小过卦辞“亨”的精神，抱着“经一事，长一智”的心态，谨记小过的偏失，及时加以调整和改正。

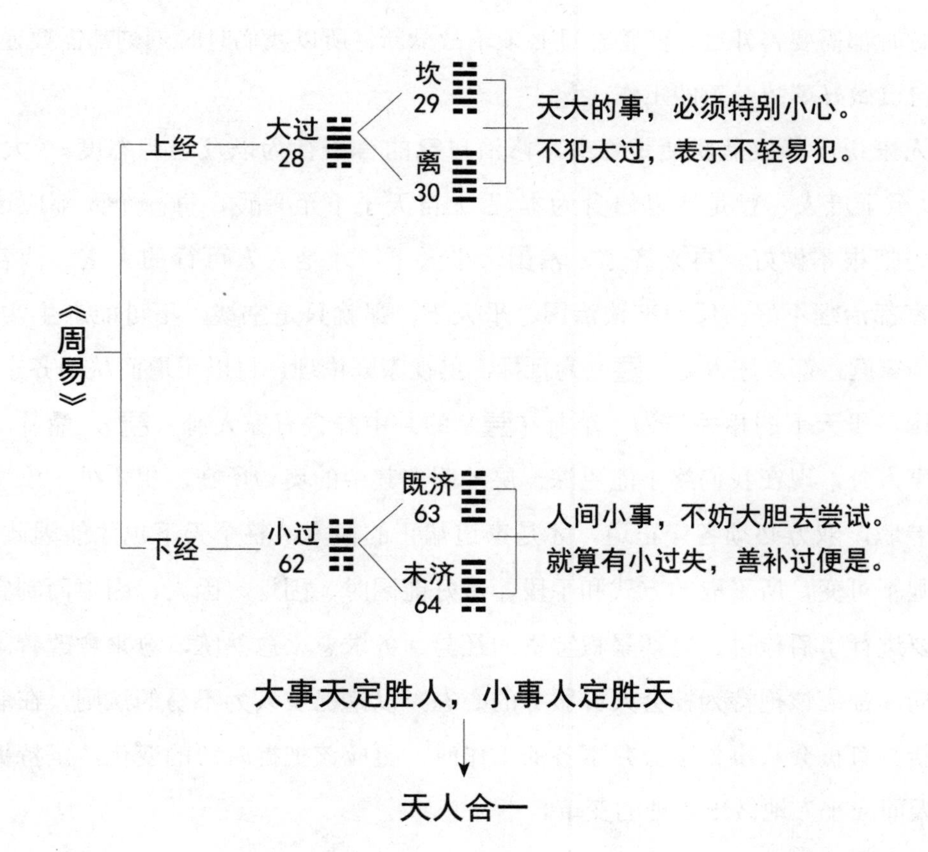
《周易》
上经
大过
28
坎
29
离
30
天大的事，必须特别小心。
不犯大过，表示不轻易犯。
下经
小过
62
既济
63
未济
64
人间小事，不妨大胆去尝试。
就算有小过失，善补过便是。
大事天定胜人，小事人定胜天
天人合一

五、我们时时都要革故鼎新

我们时时都需要善补过，而善补过必须革故鼎新，所以我们时时刻刻都需要谨慎小心，随时提醒自己做好革故鼎新的工作。

就个人来说，革故鼎新便是修身，修治自己的言语行为以及思想态度。《大学》说："自天子以至于庶人，壹是皆以修身为本。"上自天子下至平民，每一个人都应该以修身为根本。先把根本做好，再来齐家、治国、平天下，才是人人可行的大道。倘若连切近自己的身家都治理不好，反而高谈治国、平天下，那就只是空谈，不可能产生实际效果。

每一个家庭，都以家人卦（䷤）为目标，重视家庭伦理，将以正道而从严齐家的成果，推广到治国、平天下的相关作为。革卦（䷰）的卦中卦含有家人卦（䷤），鼎卦（䷱）的交卦也为家人卦，现在我们终于能更深一层地明白其中的奥妙所在。男主外、女主内，不过是分工专职，双方必须各守正道，才是家道端正的根本，整个天下也才能因此而安定。做事的原则不可变，所采取的方式和手段，最好能因时、因地、因人、因事而制宜。每经一事，都要进行事后检讨，以期累积宝贵的经验。务求愈来愈熟练，愈来愈改善。从事各种职业活动，都应该抱持为社会人群服务的心态，以修己安人为不易的法则，在职场中不断革故鼎新。有机会从事处理公共事务的工作时，更应该把握时势的变化，坚持贞正的德性，顺乎天而应乎人地做出合理的变革。

作为一个有追求的人，随时随地都要能够随机应变，但是绝对不可以投机取巧，便是以上所述的综合结语。

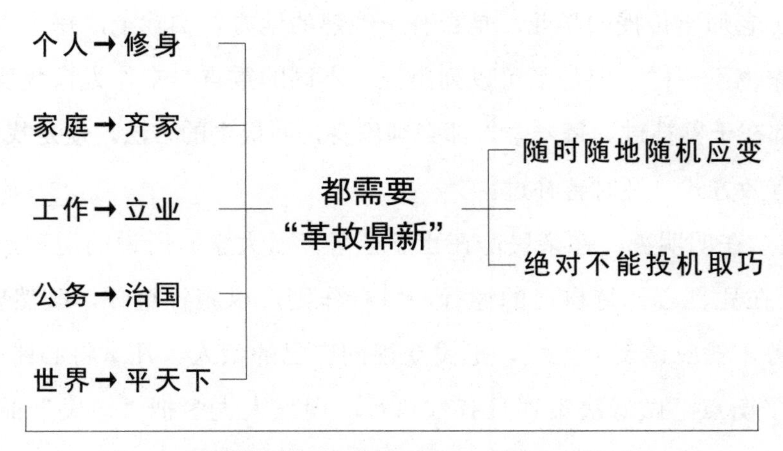

革故鼎新在求善补过，
大过小过都一律如此，
时时调整最为不可少。

六、每日反省以期止于至善

《论语》记载："曾子曰：'吾日三省吾身：为人谋而不忠乎？与朋友交而不信乎？传不习乎？'"曾子每天以三件事情来自我反省：为人计议事情，是否尽心？对朋友是否有不诚信之处？对于老师所传授的学业，是否有不纯熟的地方？实际上，每个人所处的地位不同，从事的工作也不一样，但是都可以列出三个不同的重点，来作为自我反省的目标。其共同目的，全都在于善补过。每一个人都必须修身，而根本的方法，便是找出自己的过失，以实际可行的有效方式，及时善补过。

"大学之道，在明明德，在亲民，在止于至善。"《大学》所说的道理，现代称为"政治哲学"，主要在凭良心修持自己的德行，以身作则，以施行德政。既然要为人民服务，治理众人的事务，就应该亲近人民，把民众视同自己的亲人。凡事将心比心，寻求此时、此地最合理的平衡点，做好决策并且有效执行。现代人大多把"亲民"曲解为"顺应民意"，主要原因是为了讨好大众，争取人民的感情。为政之道，固然要顺天应人，然而天不明言、天意难测、天理难明，民意也十分善变，而且人多嘴杂、各有主见，到底要听哪一方的？实在非常为难。所以"止于至善"，不应该解释为"做到完善的地步并且坚持不变"，也不是"找到合理的平衡点便固守不变"。因为宇宙在变化，时代在演化，倘若固定在一处，又何以与时俱进？"止于至善"，实际上也是持续地善补过，及时加以调整改善。我们唯有时时反省、不断进修，不断做出合理的调整，才能够止于至善。

每日反省 → 止于至善

每天给自己留下一些时间，
好好反省自己有什么过失。
设想善补过的方式，
把它写在纸条上，
以便第二天能及时实现，
然后心安理得，安稳入眠。
记得第二天要把纸条带着，
找机会真正去实践。

善补过的意思，
是做出合理的调整，
而不只是口头上的道歉。
最好能有一些实际行动，
使对方感受到诚意。
“至善”的标准是变动的，
所以每一个阶段，
都应该做好合理的调整。

我们的建议

（一）人生在世，真正的价值在于提高自己的品德修养。因为所有事物都是生不带来、死不带去的，唯有品德修养是真正如影随形的。我们短暂的一生，真正的目的即在于此。

（二）死后到哪里去和我们生时的功名利禄并无关系，因为这些不过是用来考验我们的品德修养的东西，本身并没有具体的作用。死后到何处去悉由自己所带走的品德修养来决定，它不但是结业证书，还是通关必备的证明。

（三）人生过程中，所有经历无不由简而繁，所有的变化，也都与六十四卦相关。时时都有卦象，可作为自我反省的参考对象。及时寻找想得到的卦象，只要能够做出有效的调整，目标便不难实现，这就是我们常说的心想事成。

（四）心想事成的最大障碍，在于自我否定。听到某句话，心里却想着："怎么可能？"如此一来，它就真的成为不可能了。心里想着："太难了！"事情也就真的十分困难了。解决方法非常简易，就是要打破自己心中的魔障，如此便能诸事顺当、圆融无碍。

（五）当然，若是心想不贞不正，事就大多不能成。即使会成，也将成为坏事。因为良心对应善事，坏心招引坏事。换句话说，有时候心想事不成，反而是好事，不致产生恶果和凶祸。

（六）革故鼎新，是大家时时都在做的事情，千万要注意动机的良善、过程的正确性以及效果的吉顺。常常自省，反求诸己，才是最为可靠的保障。凡事谨慎小心、自我惕厉，品德才能日渐提高。

【结　语】

人生的目的，既然在“求得好死”，也就是心安理得地往生，那么人生最要紧的事情，便是“诸恶莫作，众善奉行”。但是“人非圣贤，孰能无过”？所以修习《易经》，最大的作用，应该就是“心易”，即用心改变自己的言行态度。

“心易”的具体表现，其实就在“革故鼎新”，对故旧的过失譬如昨日死，设法善补过，使当下能够获得新生命。我们把革卦（䷰）和鼎卦（䷱）安排在一本书中，用意即在使读者读完之后，最好能够时时谨记“革故鼎新”的道理，用以惕厉、改造自己。我们要犯大过之前，大多会谨慎小心、再三思虑，反复加以推敲。然而小过不断，原因即在认为事情反正关系不大，没有那么严重，干脆先做了再说。这种想法，也不能说完全不对，因为如果连小过也谨慎小心，很可能什么都不敢做，反而导致矫枉过正的恶果。不敢尝试、缺乏经验，又何以提升自己的品德修养？所以孔子并不主张任何事情都“三思而后行”，反而说：“再，斯可矣！”小事不需要想三遍才做，想两遍就可以动手了！意思是鼓励大家勇于尝试，力求从做中学，以获取更多的经验，来提高自己的品德修养。

儒家所说的“学”，大多指品德修养方面的精进，不像现代人一想到“学”，就偏向学识、技能、艺术，却把最为重要的品德修养忘掉了！“什么都有，就是没有道德”的人愈多，社会就愈乱，人群就愈不安，当然更不可能奢谈幸福了。

善补过，才能无咎。事实上，若是因不敢尝试、害怕做错而故步自封，也是一种咎。必须大胆尝试，小心地善补过，才能无咎。在这种前提下，我们几乎每天都可能犯错。即使“不二过”，也不能保证不犯新的过错，所以“革故鼎新”的需求非常多。

《系辞上传》记载:“无咎者，善补过也。”《易经》对人事顺逆通塞的评判，也就是对于我们行事方面是否合乎道、其程度如何所做出的评定断语，有“吉、凶、悔、吝、无咎、厉、利有攸往、不利有攸往、利涉大川、不利涉大川、利见大人、无攸利、无不利”等等。另外，由于吉、凶的程度不一样，也有“元吉、终吉、小事吉、终凶、悔亡、小吝、无大咎”等差异。当然，对于“道”自身来说，并没有吉、凶的分别，只有人的行事才会有这样的差异。因为人的行为既可顺易道，也能逆易道，完全由人自己的心来主宰，也就是“道心”与“人心”的不断交战。由于“人心惟危，道心惟微”，所以人会经常犯过。孔子说:“过而不改，是谓过矣！”他认为过既难免，倘若能善补过，便等于无过；有过而不能善补过，才算是犯过。然而，怎样才能善补过呢？首先要知过，接着是真诚悔过，然后设法善补过。我们每一个人生来都有一颗良心，若是能够安静下来，知过之心便会自然显现，悔过之心也会自然出现，而善补过之心也将自然展现。老子倡导“自然无为”，便是对良心自然引导我们“知过即复于正”的描述，人人都做得到。

孔子说:“我欲仁，斯仁至矣！”我们很容易想象：我想要善补过，自然做得到。心想事成，不是十分简易吗？大家都能善补过，身就修好了！家人都各自善补过，家就齐了！国人都知道自律，能自主地善补过，国也就治了！接下来推而广之，当全世界都仿效我们的所作所为时，天下自然就平了！